全国普法宣传教育活动推荐用书

百姓生活
常见案例大讲堂

【物权纠纷卷】

主　　编：张永峰

副 主 编：张　明

编委会成员：韩　璐　孙淑彩　王广英
朱　勇　郭吉云　王雪梅
丁怀飞　韩　影

中国法制出版社
CHINA LEGAL PUBLISHING HOUSE

弘扬法治精神
构建和谐社会

刘耀华
二〇一二年八月

前　言

党的十八大以后，习近平总书记提出“法治中国”概念，党的十八届四中全会提出“全面推进依法治国”。法治兴则国家兴，法治强则国家强，国家兴亡，匹夫有责。为全面落实党的依法治国基本方略，加快建设社会主义法治国家，构建社会主义和谐社会，更好更快地促进经济社会发展，让法律的春风吹遍机关单位、乡村、社区、家庭、学校、企业、军营和监所，形成全社会自觉尊法、学法、守法、用法的良好风尚，应广大读者的迫切要求，作者怀着报效祖国、服务人民和奉献社会的满腔热忱，以毛泽东思想、邓小平理论、“三个代表”重要思想、科学发展观和法治中国为指导，坚持解放思想、实事求是、与时俱进、开拓创新的基本原则，充分利用案例资源，更好地为全国人民服务，精心编写了这套《百姓生活常见案例大讲堂丛书》。本套丛书有三大特点：

一、案例丰富，内容实用。本套丛书包括民事、行政、刑事三个方面。具体分为人身损害赔偿、未成年人保护、医疗事故纠纷、道路交通事故纠纷、婚姻家庭纠纷、劳动纠纷、物权纠纷及债权纠纷八个部分，八个分册，精选常见生活案例近1300例，基本囊括了人们生活的方方面面，满足了全国人民的需求。其涉及法律知识范围之广在全国尚属首例，不仅开创了我国公民学法用法的新路子，也在全面运用案例学法用法方面填补了一项空白，对公民普法、用法和干部学法、执法具有重要的参考作用和借鉴意义。本套丛书同时是社区居委和乡村村委干部宣传法律、教育群众和调解民事纠纷的好帮手，也是广大司法工作者和政法院校师生的良师益友，的确是我们学习运用法律知识的一部不可多得的工具参考书，具有一定的珍藏价值。

二、通俗易懂，发人深省。本书将一个个内容生动、扣人心弦、发人深省的事实案件和抽象的法律规定融为一体，以案说法，是非分明，易懂易记，不仅可使广大公民在较短的时间内学到更多、更有用的法律知识，尽快增强法治意识、提高法律素质，同时还能引以为戒，对预防事故发生、化解矛盾纠纷、减少刑事犯罪、维护社会稳定、构建和谐社会、发展国民经济起到积极的促进作用。

三、目录索引，查阅方便。读者只要翻开全书的目录索引，全书的篇目内容便尽收眼底，任您选阅。然后联系实际即可查找目录和案例中的具体内容，就能找到您要解决实际问题的参考答案。

由于作者编写水平有限，书中难免出现失误，敬请读者批评指正，以便再版时修订。

本书的编写得到了安徽省司法厅、淮北市司法局、濉溪县司法局和中国法制出版社的重视与支持。曾任濉溪县委书记、淮北市人大常委会副主任的离休老干部刘耀华同志为本书题了词，作者的亲朋好友也为本书的编写和出版给予了积极的帮助，在此一并表示真诚的谢意！

我们的国家是法治国家，希望通过我们努力编写出版的这部《百姓生活常见案例大讲堂》系列丛书，能让每个读者都尊法、学法、守法、用法，从而享受法制的阳光，为推进中国特色的伟大事业、实现中华民族伟大复兴的“中国梦”作出新的贡献！

编者

2016 年 2 月

CONTENTS 目录

一、物权确认篇

二、财物侵占篇

三、财物损害篇

四、拾物归属篇

五、土地纠纷篇

六、房屋买卖篇

七、房屋装修篇

八、房屋租赁篇

九、物业管理篇

十、相邻关系篇

十一、刑事犯罪篇

十二、法律小常识

附：法条链接

一、物权确认篇

父母购房以女名　被判房屋归父母

经典案例

1994年，因在市区的住房拆迁，任某夫妇决定购买位于某镇的一套商品房，并交付了订金、按揭部分自备款和部分房款。事后，任某因年龄关系不能办理系争房屋的按揭贷款，便以自己女儿作为抵押借款人与银行签订了商品房抵押贷款合同，贷款金额8.2万元，贷款期限为5年。随后，任某用女儿私章以女儿的名义向房地产公司购买了总价为16.4万余元的一套商品房。2000年4月，任某以女儿的名字申请领取了房产证并予以保管。2003年5月，其女儿借故又补办了系争房屋的产权证。同年11月，任某夫妇在对房屋装修后入住。2005年，任某夫妇因与女儿对该房屋权属发生争议而诉至法院。

在法庭审理中，任某夫妇说，房产证上登记的权利人是其女儿，但实际出资购买人是自己。其曾请亲戚劝说女儿协助自己办理更正房产登记，但遭女儿拒绝。故要求法院确认该房屋所有权归自己所有。

其女儿则认为，系争房屋购房合同、贷款合同、付款凭证、购房发票及房屋产权证上记载的权利人均是自己，父母没有证据证明其是房屋的权利人，因此，要求法院驳回其父母的诉讼请求。

法槌定音

法院经审理认定，任某为系争房屋交付了订金和按揭部分自备款、部分房款，因年龄关系无法办理按揭贷款，便以其女儿的名义办理及签订了系争房屋买卖合同。从办理、保管原始房产证、任某夫妇装修后入住等事实，以及任某女儿无足够证据证明所交资金是由其提供的事实，结合相关证人证言分析，系争房屋实际出资人和购房人应为任某夫妇，实际权利人为任某夫妇。按照我国有关法律规定，没有登记但实际出资购买了房地产的人，也可以是房地产的所有人。2006 年 4 月 18 日，法院对此案作出判决，确认该房屋所有权归原告任某夫妇所有。

法律解析

本案的系争房屋是因任某夫妇年龄关系无法办理按揭贷款，便以女儿的名义办理并签订房屋买卖合同。有证据证明系争房产的购买人和实际出资人以及装修入住人均为任某夫妇，而任某女儿无足够证据证明所交资金是由其提供的事实。根据《最高人民法院关于民事诉讼证据的若干规定》第 2 条规定，没有证据或证据不足以证明当事人的事实主张的，由负有举证责任的当事人承担不利后果。故法院依法判决，确认该房屋所有权归原告任某夫妇所有。

法条链接

《最高人民法院关于民事诉讼证据的若干规定》第 2 条，《物权法》第 33 条

资助子女无证据　诉讼请求被驳回

经典案例

2004 年年初，天津市 62 岁的张大爷将自己的两套私产房屋变卖后，又添了 11 万元购置了一处新房。因为老人不能贷款，就将房屋产权人写在儿子名下，由儿子向银行贷款 55000 元。同年年底，儿子与儿媳协议离婚，按照协议条款，该房产归儿媳所有。张大爷以房屋产权和居住权受侵为由起诉，要求法院判令该房屋产权归己所有。

法槌定音

法院经审理认为，《房屋所有权证》是房屋权属的合法凭证。房屋产权人

与出资人是两个不同的概念，即使张大爷能够证明其为购置房屋的出资人，也不能依此取代他的儿子成为房屋所有权人，故依据《民事诉讼法》的规定驳回了张大爷的诉请。

法律解析

本案中，老人败诉的主要原因是他未保留与儿子共同出资购房的证据，也未明确自己为房产的共有人。

老年人出资或借贷给子女购房时要有证据意识。比如，参与出资购房时应将自己作为房产共有人登记在产权契证上；或订立书面出资协议，在协议中明确自己拥有权利；或与子女订立赡养、共有、长期居住等附条件的赠予协议。如果借资帮子女购房，要由子女的配偶出具借款凭证。这样，如产生纠纷，才能确保其合法权益不受损害。

法条链接

《最高人民法院关于民事诉讼证据的若干规定》第2条

离婚协议有约定　房屋所有归前妻

经典案例

1995年4月7日，朱某与刘某登记结婚。后因感情不和，二人于2005年2月24日协议离婚。双方在《离婚协议书》中的第5条约定，今后“刘某如发生意外身亡，全部财产归女方朱某所有”。

令人没有想到的是，离婚不久，竟然真的发生了“意外”！2005年9月8日，刘某在居住地被发现已死亡。事实上，刘某生前患慢性、过敏性哮喘已有十余年。《离婚协议书》中的第5条约定转眼成了遗嘱。

次日，医院出具居民死亡推断书一份。推断书载明：刘某死亡的直接原因为哮喘，发病到死亡的大概时间间隔为十余年，死者生前疾病最高诊断依据为“临床+理化”。随后，刘某的姐姐刘某某在派出所领取刘某因病死亡火葬证明书后办理了火葬事宜。

刘某走了，留下了一套房屋，该房屋产权于1998年核发。现在价值80万元左右。

刘某的家人处理完他的后事之后，朱某要求按照他们当初离婚协议第5条约定处理该房屋产权。因为刘某的父母已先于刘某死亡，刘某的兄弟姐妹6人纷纷反对，认为刘某和朱某已经离婚了，就没有什么法律关系了，怎么还要财产？再说，当初约定的是意外死亡，现在看是正常死亡，也不是什么意外，他们坚决不同意把刘某留下的房产过户给朱某。

朱某无奈之下向法院提起诉讼，提出系争房屋原系她与刘某的共同财产，2005年2月双方离婚，所达成的自愿离婚协议第5条约定：刘某如发生意外身亡，全部财产归女方所有。现刘某不幸身亡，离婚协议符合法律规定。应按离婚协议的约定，将房屋交付原告，并确认该房为原告所有。

法槌定音

法院经审理认为：（1）原告与刘某达成的离婚协议系双方真实意思表示，也未违反法律禁止性规定，应当认定其合法有效。（2）“意外”从字面上理解就是料想不到，主观上是否积极意识到系判决意外的重要标准。（3）没有证据可以证明刘某与原告在签订离婚协议时已病入膏肓并预见了确切的生命终结期，双方显然不会料想到几个月后刘某即因哮喘死亡，故对原告及刘某而言，中年死亡本身就已经是意外。综上所述，原告与刘某的离婚协议中有关财产处分约定条件成立，原告及刘某继承人即各被告均应受该财产约定所约束。依照《合同法》第45条第1款的规定，判决如下：登记在刘某名下的房屋归原告朱某所有；被告刘某某等6人于本判决生效之日起立即将该房屋交付给原告朱某。案件受理费11010元，其他诉讼费300元，合计人民币11310元，由原告朱某负担。

刘某的兄弟姐妹6人不服上述一审民事判决，提出上诉称：原审法院认定事实不清，原审判决以离婚协议书为判决依据，但该离婚协议正文无死者刘某签名，其真实性值得怀疑。离婚协议书第5条违反了继承法的规定，应属无效条款。退言之，即使该约定有效，但因刘某患哮喘已有十余年，非意外死亡，即约定条件亦未成立。一审判决适用法律错误，离婚协议书系有关婚姻关系的协议，应适用《婚姻法》，不应适用《合同法》。

二审庭审中，上诉人刘某的兄弟姐妹6人认为，婚姻关系涉及人身关系，不应适用合同法，现刘某没有作出有效遗嘱，即朱某与刘某关于《离婚协议书》第5条的约定是无效的，即使其有效，该条款所附生效条件亦未成立。

而朱某认为，《离婚协议书》第5条仅是对财产所作的处分，并未涉及人身关系。被上诉人与刘某离婚是真实的，且未违反法律规定，因而是有效的。因协议订立后刘某意外死亡，故该条款所附条件已成立。

通过审理，二审法院认为，《离婚协议书》经过民政部门鉴证，具有较强的证明力。上诉人虽认为该协议真实性值得怀疑，但其未能提供相应依据予以反驳，因此该协议的真实性可予确认。原审法院对本案的认定与判决并无不当，上诉人的上诉理由均不能成立。据此，2007年12月，二审法院作出终审判决：驳回上诉，维持原判。

法律解析

依法成立的合同，受法律保护。本案中，朱某与刘某在民政部门达成的《离婚协议书》约定，刘某如发生意外，全部财产归女方所有。根据《合同法》第45条第1款规定，当事人对合同的效力可以约定附条件。附生效条件的合同，自条件成就时生效。附解除条件的合同，自条件成就时失效。因此，登记在刘某名下的房屋应归朱某所有。至于刘某的兄弟姐妹6人认为该协议真实性值得怀疑的问题，根据《最高人民法院关于民事诉讼证据的若干规定》第2条的规定，没有证据或者证据不足以证明当事人的事实主张的，由负有举证责任的当事人承担不利后果。据此，二审法院依法维持了一审法院作出的刘某名下的房屋归原告朱某所有的判决。

法条链接

《合同法》第45条，《最高人民法院关于民事诉讼证据的若干规定》第2条

丈夫买房送情人　车祸双亡房归谁

经典案例

有妇之夫华某，与漂亮的少妇姜某偶遇，双方瞒着家人很快发展为情人关系，在姜某的要求下，华某于2002年6月以姜某的名义购买了一处面积100多平方米的房产，并分两次付清房款9万余元。

2002年12月，该房成为二人新的“爱巢”。不料，2003年1月3日，华、姜二人在驾车去某公园游玩返回的途中因车祸死亡。姜某的丈夫随后占了该房。由于房屋装修工未收到装修费，就多方打听，找到华妻，当年36岁的华妻唐某才得知丈夫背着自己干的丑事。

唐某认为，丈夫给情妇买的房子属已故丈夫留下的遗产，应由家人继承。她向姜某的丈夫索要该房，对方却认为房子是以姜某的名义购买的，应属姜某的房产，故拒绝交还。双方因此发生纠纷。2月27日，唐某与女儿及婆母就此向法院提起诉讼。

法槌定音

法院经审理认为，购房款是由华某和其妻的共同财产支付，实际购房人应是华某，该房属华某与其妻的共同财产，故判决该房归唐某及女儿和婆母所有。

法律解析

根据《婚姻法》第17条规定，夫妻在婚姻存续期间所得的工资、奖金，生产、经营的收益以及知识产权的收益等归夫妻共同所有。本案中，唐某丈夫华某生前给情人姜某购买了房屋，而购房款是由华某和其妻唐某夫妻关系存续期间的共同财产支付的，该房屋应属华某夫妻的共同财产。同时，根据《继承法》第10条遗产按照配偶、子女、父母第一顺序继承的规定，法院依法判决该房归唐某及女儿和婆母所有。

法条链接

《婚姻法》第17条，《继承法》第10条

变更登记未办理　购买住房归原主

经典案例

张某 1970 年自建住房，并于 1995 年取得房屋产权证，载明土地用途为住宅。2006 年之前，姜某与其儿子来到张某所在的村租种农田。因生产、生活需要，姜某找到张某，意欲买下其自建的房屋。2007 年 1 月 9 日，双方签订了一份《卖房契约》，其中特别约定：如房屋征用，乙方（姜某）只享有购房保证金二万元整，所有土地及地上附属物归甲方（张某）所有。姜某当时为能早日到该房居住，便签下了合同。

2013 年 9 月，因姜某与张某协议之房屋位于规划范围内且为危房，该房被确认为征收对象，因此张某向姜某要求收回房屋。然而，姜某认为自己已经将张某的房屋买下并签订了房屋买卖协议，没有理由返还房屋，故拒绝了张某的要求。张某见要求未果，便向法院提起了确认之诉。

法槌定音

法院认为，因物权的归属、内容发生争议的，利害关系人可以请求确认权利。本案中，张某、姜某在 2007 年 1 月 9 日签订的《卖房契约》中“如房屋征用，乙方（姜某）只享有购房保证金二万元整，所有土地及地上附属物归甲方（张某）所有”的约定是双方当事人真实意思表示，该内容不违反法律、法规禁止性、强制性规定，应为合法有效。

签订《卖房契约》后，双方一直未依法办理房地产权变更登记。现双方约定的“如遇征用”的情况出现，故张某与姜某诉争的房屋依约仍应归张某所有。对于姜某辩解双方签订的是房屋买卖协议问题，法院经审理认为，综合整个契约来看，双方实际签订的是一份附特定终止条件的房屋租住及生产资料代管协议。综上，法院依法判决该房仍归张某所有。

法律解析

《物权法》第 9 条规定，不动产物权的设立、变更、转让和消灭，经依法登记，发生效力；未经登记，不发生效力，但法律另有规定的除外。本案中，姜某因急需居住，于2007年购买了张某自建住房，并签订了一份买卖合同。到2013年，张某已居住了5年，但因没有依法办理房屋变更登记手续，故没有法律效力。由于该房被确认为征收对象，因此张某向姜某要求收回房屋，被姜某以已签订了房屋买卖协议为由予以拒绝。根据《物权法》第15条规定，当事人之间订立有关设立、变更、转让和消灭不动产物权的合同，除法律另有规定或者合同另有约定外，自合同成立时生效；未办理物权登记的，不影响合同效力。但是，由于签订《卖房契约》后，双方一直未能办理该房屋的变更、转让登记手续，且双方在《卖房契约》中已有约定“如遇征用”的情况出现，故法院依法判决该房屋仍归张某所有。本案提醒大家，房屋买卖时，一是要认真签订好合同，二是要依法及时办理房屋变更、转让登记手续。

法条链接

《物权法》第9条、第15条

梁柱之前倒爬狮　被判权属归后堂

经典案例

“倒爬狮”倒爬于梁柱之前，主要起到固定建筑物的作用。“倒爬狮”，木质结构，形状如倒爬的狮子，属于徽派建筑物的特有装饰。随着徽文化热的兴起，“倒爬狮”的价值也在不断飙升。

李某和被告张某为远亲，双方的曾祖父兄弟于清朝末年在绩溪县瀛洲镇瀛洲村合建砖木结构通转楼房一幢。房屋在土改时登记为共有，后经分家和赠予，李某分得后堂，张某分得前堂。但在历代的分家、赠予和继承中，均未涉及公用通道及“倒爬狮”的权属。2010年，张某凿下后堂前东边两只“倒爬狮”据为己有。2011年8月底，李某提起诉讼，请求张某返还后堂前东边的两只“倒爬狮”。

法槌定音

法院经审理认为，东边大梁柱在李某的后堂，张某从东边大梁柱上卸下的两只“倒爬狮”应归李某所有。2011 年 11 月，法院判决两只“倒爬狮”归原告李某所有。

法律解析

根据《物权法》第 34 条的规定，无权占有不动产或者动产的，权利人可以请求返还原物。本案中，原告李某请求张某返还后堂前东边的固梁“倒爬狮”，“倒爬狮”是在前堂还是在后堂的范围内是确认归谁所有的关键。经过界定，法院认为东边大梁柱在李某的后堂，故判决确认两只“倒爬狮”归原告李某所有。

法条链接

《物权法》第 34 条

村民伐树酿纠纷　法官巧断所有权

经典案例

被告许某于 1982 年建新房后即从老宅基地搬出，原告杨某于 1987 年经村委规划，在被告的老宅基地上建房使用。2004 年 8 月，许某从其老宅基地上伐走 8 棵树木后，原、被告双方因树木的所有权问题发生了纠纷。

法槌定音

法院经审理认为，确定种树的时间是解决原、被告问题的关键。庭审中，因树木的所有权问题难辩，法院根据树的年轮每年递增一圈的原理，组织双方当事人对树的年轮进行了现场勘验，发现伐树后所留木桩的年轮正好与原告所说的种树时间相吻合。2005 年 9 月 14 日，法院判决原告杨某胜诉。

法律解析

《物权法》第 34 条规定，无权占有不动产或者动产的，权利人可以请求返还原物。本案中，被告许某从自己的老宅基地上伐走了 8 棵树，因所有权问题与原告杨某发生了纠纷。法院为了确认树木的归属，根据树木年轮每生长一年树桩就递增一圈的原理，较为科学而又巧妙地解决了种树的时间问题，发现其正好与原告所说的种树时间相吻合，据此，法院确认被告许某伐走的树木归原告杨某所有。

法条链接

《物权法》第 34 条

高层楼顶所有权　应归全体业主有

经典案例

2005 年 7 月，卢某与某房地产开发公司签订房屋买卖协议，购买某居民楼单顶层复式结构住房一套，房屋买卖协议约定该商品房所在顶层层面的使用权归顶层户主所有。之后，居民朱某与该房地产开发公司签订协议，购买了与卢某同单元的楼下房屋。

朱某购买住房以后，为方便生活，多次同卢某协商要求在屋顶安装太阳能，但均被卢某以该商品房所在顶层层面的使用权归顶层住户所有和安装太阳能会给自己造成影响为由，拒绝朱某在屋顶上安装太阳能设施。朱某认为自己依法享有该房屋顶的共有权利，故于 2013 年年初诉至法院，要求判令卢某不得妨碍其安装太阳能并承担诉讼费用。

庭审中，卢某称，其与某房地产开发公司签订的购房合同中已约定其购买的商品房所在楼层顶层层面使用权归其所有，朱某无权在屋面顶上安装太阳能。朱某称，依据《物权法》等法律规定，其依法享有该房屋顶的共有权利，请求法院判令依法排除物权妨碍。

法槌定音

法院经审理认为，卢某与某房地产开发公司约定的合同内容违反了《物权法》及最高人民法院司法解释的规定，属于无效条款。朱某请求在屋顶安装太阳能系对屋顶的合理使用，且本案所涉屋顶具备安装条件，诉讼请求应予支持。

2013年9月，法院判决卢某不得妨碍朱某在屋面顶上安装太阳能。法院判决后，朱某便安装了太阳能热水器。

法律解析

《物权法》第70条规定，业主对建筑物内的住宅、经营性用房等专有部分享有所有权，对专有部分以外的共有部分享有共有和共同管理的权利。《最高人民法院关于审理建筑物区分所有权纠纷案件具体应用法律若干问题的解释》第3条第1款第1项规定，建筑物的基础、承重结构、外墙、屋顶等基本结构部分，为共有部分。《物业管理条例》第27条规定，业主依法享有的物业共用部位、共用设施设备的所有权或者使用权，建设单位不得擅自处分。由此可见，本案中卢某称与某房地产开发公司在购房合同中已约定屋顶屋面使用权归其所有，该项约定违反了上述法律的规定，应属无效条款。同时，根据《最高人民法院关于审理建筑物区分所有权纠纷案件具体应用法律若干问题的解释》第4条规定，业主基于对住宅、经营性用房等专有部分特定使用功能的合理需要，无偿利用屋顶以及与其专有部分相对应的外墙面等共有部分的，不应认定为侵权。朱某请求在屋顶安装太阳能系对屋顶的合理使用，且所涉屋顶也具备安装太阳能的条件。卢某称在屋顶安装太阳能会给顶层住户带来安全隐患，但未提供证据证明。故法院依法支持了朱某的诉讼请求。

法条链接

《物权法》第70条，《最高人民法院关于审理建筑物区分所有权纠纷案件具体应用法律若干问题的解释》第3条、第4条，《物业管理条例》第27条

被盗先人陪葬品　属于文物归国家

经典案例

郑甲和郑乙系亲兄弟，二人的曾祖父郑某于1930年去世。2011年4月4日夜，张某等人在盗掘二人曾祖父的墓葬时被抓获，张某等人从墓中盗掘出翠镯、翠扳指等32件随葬物品。经鉴定，上述涉案的32件随葬物品属清代文物，

其中7件为3级文物，其余为一般文物。

上述物品由当地公安局扣押后，移交给当地文物局收管。郑氏兄弟认为，陪葬品是从自己曾祖父的墓中盗出的，理应归他们所有。于是，二人向公安局和文物局提出申请，要求返还其扣押的32件随葬物品，文物局未予返还。二人遂将公安局和文物局告上法庭，请求法院依法判令二被告归还32件随葬品。

法槌定音

法院经审理认为，根据我国《文物保护法》和《民法通则》的相关规定，中国境内出土的文物归国家所有，如果只是属于一般的陪葬物品，就归其法定继承人合法继承。2014年7月，法院最终作出32件文物归国家所有的裁决。

法律解析

《文物保护法》第5条规定，中华人民共和国境内地下、内水和领海中遗存的一切文物，属于国家所有。《民法通则》第79条规定，“所有人不明的埋藏物、隐藏物，归国家所有”。对于已明确了的，确定是自己家的祖坟在迁移的过程中有陪葬的物品，可以请文物部门进行鉴定、考证，看其是否属于文物。如果属于文物，就归国家所有；如果只是属于一般的陪葬品，就归其法定继承人合法继承。本案中，缴获的被盗32件陪葬品，经鉴定为清代文物，并非属于一般的陪葬品，故法院依法裁决被盗的32件文物归国家所有。

法条链接

《文物保护法》第5条，《民法通则》第79条

村民河里挖乌木　被判应归国家有

经典案例

2012年10月下旬，王某在涪江河内的淤泥中发现了一根乌木。他将此事告诉了同村的匡某等8人。同年11月，9人用匡某的挖掘机一起对乌木进行了挖掘打捞。经测量，乌木长约30米。由于不属于文物，当地文物管理所接

到匡某等人的报告后，未予以收藏。随后9人联系买家，将乌木卖了19.6万余元，其中，发现乌木的王某和挖掘机机主匡某各分了约4.9万元，其余7人均各分得1.4万元，开挖掘机的司机分得300元。2013年1月16日，其中一人将所分得的1.4万元上交给当地财政局，其他8人没有上交。不久，财政局将匡某等8人起诉到法院，要求他们返还卖乌木后各分得的钱款共约18万元。

法槌定音

法院经一审认为，乌木形成于自然，属于自然资源，不属于法律规定属于集体所有的范围，属于国家所有。因此，县财政局作为县级国有资产管理部门，有权要求匡某等人返还分得的钱款。法院还认为，应扣除挖掘、打捞及看护期间的劳务费、误工费等。法院认定匡某应得挖掘打捞费1万元，其他人各得打捞看护费8000元，并据此判决匡某等人返还钱款数额。

匡某不服，提起上诉。二审法院经审理认为，乌木的自然属性决定其不具有个人应当认领的可能性，因此应归国家所有。匡某等人将乌木打捞起来后，应当送至国家有关部门处理，却擅自出售处理，应承担相应责任。2014年10月，法院二审驳回上诉，维持原判。

法律解析

乌木——常绿乔木，木材黑色，致密，为著名美术用材，可用来制造精致的器具和艺术品。本案中，村民挖出的乌木形成于自然，是自然资源，不属于集体所有的范围，应属于国家所有。根据《物权法》第48条的规定，森林、山岭、草原、荒地、滩涂等自然资源，属于国家所有，但法律规定属于集体所有的除外。故法院依法驳回了原告的诉讼请求。

法条链接

《物权法》第48条

二、财物侵占篇

受伤讨药费不成　扣车致菜烂赔偿

经典案例

2007年6月24日下午，在某农贸市场，个体户黄某夫妇雇请装卸工为他们装蔬菜上车，准备运往湖南销售。在装货过程中，装卸工小梅从车上摔下受伤，被送往医院救治。装卸工肖某和其他装卸工要求黄某夫妇支付医疗费，双方发生纠纷。肖某遂将大货车用铁链锁在该市场一活动铁栏杆上，将车扣留了3天，导致车上的蔬菜货物全部腐烂。

为了给这一车烂菜定损，黄某花了1000元，鉴定损失为21070元。同时还花了300元垃圾清运费清理烂菜。

法槌定音

法院经审理认为，《民法通则》第75条规定，公民的合法财产应受法律保护，禁止任何组织或者个人侵占、哄抢、破坏或者非法查封、扣押、冻结、没收。根据相关法律规定，肖某应当赔偿黄某夫妇的全部损失。2008年1月，肖某被法院判处赔偿黄某夫妇损失22370元。

法律解析

本案的原告个体户黄某夫妇雇请的装卸工小梅从车上摔下受伤，装卸工肖某完全可以通过协商或法律途径为小梅讨回公道，可他却采取非法扣押手段，导致黄某夫妇车上的蔬菜全部腐烂，违反了《民法通则》第75条的禁止性规定。根据《民法通则》第117条规定，损坏国家的、集体的财产或者他人财产的，应当恢复原状或折价赔偿。故法院依法判决被告肖某赔偿原告黄某夫妇的全部损失。

法条链接

《民法通则》第 75 条、第 117 条

追款不成搬财物　于法无据当返还

经典案例

被告程某曾为林某建造房屋，建成后，还有一部分工程款未能按时结清。2004 年 1 月，程某和儿子一起带人到林某家中追要工程款时遭到拒绝，父子俩就组织同行人员将林某家中的桌子、板凳、影碟机、饮水机等财物搬回自己家中。

法槌定音

法院经审理认为，被告在自己的合法权益受到侵害的情况下，应当通过正当途径解决，其私自搬走原告的财产，侵犯了原告的财产权。经法庭教育后，被告认识到自己行为的违法性，2004 年 4 月，法院主持双方达成了调解协议，被告程某父子向原告林某如数返还所搬的财物。

法律解析

本案中，原告对拖欠被告的工程款应当及时偿还，在一时不能还清的情况下，可以通过协商分期偿还。被告应当采取正当的途径追讨原告拖欠的工程款，其组织人员私自搬走原告的财物，侵犯了原告的财产权。根据《民法通则》第 117 条规定，侵占国家的、集体的财产或者他人财产的，应当返还财产，不能返还财产的，应当折价赔偿。故法院依法主持双方达成了调解协议，被告程某父子向原告林某如数返还所搬的财物。

法条链接

《民法通则》第 75 条、第 117 条

私自扣押肇事车　被判还车并赔偿

经典案例

2005年5月28日18时许，农民谢某驾一辆农用柴油车与李某无证驾驶的二轮摩托车相撞。被告李某被送往医院抢救治疗，原告谢某所开车辆被赶到现场的李某的哥哥李某某开走。经交警队勘验，认定李某负事故的主要责任，谢某负事故的次要责任。交警队于6月25日通知李某某将车送交交警队，但其未送。

法槌定音

2006年3月17日，法院经审理认为，肇事车辆应由交警部门扣押，被告李某的哥哥李某某未经交警部门允许私自扣押原告车辆于法无据，遂判处被告李某某返还原告谢某的车辆并赔偿扣车损失，从扣押之日至返还车辆之日止每天按33.12元计算。

法律解析

《民法通则》第75条规定，公民的合法财产受法律保护，禁止任何组织或者个人侵占、哄抢、破坏或者非法查封、扣押、冻结、没收。本案的被告李某某未经交警部门允许私自扣押原告车辆的行为，违反了法律规定。根据《民法通则》第117条规定，侵占国家的、集体的财产或者他人财产的，应当返还财产，不能返还财产的，应当折价赔偿。受害人因此遭受其他重大损失的，侵害人应当赔偿损失。故法院依法判处被告李某某返还原告谢某的车辆并赔偿扣车损失。

法条链接

《民法通则》第75条、第117条

业主占公共露台　法院判自行拆除

经典案例

2008年6月，王先生与房地产开发公司签订《商品房买卖合同》，购买了该公司开发的某小区住宅一套，小区的物业管理公司向其颁发了《业主手册》，该手册规定不得在露台上搭建建筑物、堆放杂物，被告王先生书面承诺遵守。一年后，王先生私自在其住所东邻的公共露台上搭建封闭阳台，物业管理公司多次要求其拆除未果，遂引起诉讼。

法槌定音

法院经审理认为，合法的共有财产受法律保护。王先生未经物业管理公司同意擅自在公共露台上搭建封闭阳台，其行为违反了《业主手册》的相关规定，侵犯了其他业主的合法权益。物业管理公司作为该小区的物业管理人，具有维护物业服务区域秩序的管理权，其要求王先生拆除私建的封闭阳台并停止侵害的诉请符合法律规定，应予支持。2010 年 5 月 12 日，法院判令被告王先生于判决书生效后 10 日内自行拆除其在小区公共露台上私建的封闭阳台并停止侵害。

法律解析

本案中的业主王先生，擅自在公共露台上搭建封闭阳台，其行为违反了《业主手册》的相关规定，侵犯了其他业主的合法权益。根据《最高人民法院关于审理物业服务纠纷案件具体应用法律若干问题的解释》第 4 条的规定，业主违反物业服务合同或者法律、法规、管理规约，实施妨害物业服务与管理的行为，物业服务企业请求业主承担恢复原状、停止侵害、排除妨害等相应民事责任的，人民法院应予支持。故法院依法判令被告王先生自行拆除其在小区公共露台上私建的封闭阳台。

法条链接

《最高人民法院关于审理物业服务纠纷案件具体应用法律若干问题的解释》第 4 条

业主犯罪虽入狱　产权同样受保护

经典案例

原告系讼争房屋产权人，2003年8月，原告因诈骗罪被法院判处有期徒刑11年。2007年7月15日，被告未经原告同意，擅自迁入讼争房屋并居住。期间未向原告支付使用费。原告吴某要求被告搬离讼争房屋，同时要求被告支付讼争房屋使用费。2007年7月15日至2008年4月15日的使用费共计9000元人民币。被告包某辩称，被告之所以迁入讼争房屋，系原告拖欠被告大额债务所致。

法槌定音

法院经审理认为，原告吴某虽犯罪入狱，但其合法的民事权益同样受法律保护。本案讼争房屋系原告私产，被告未经原告同意擅自入住，该行为侵犯了原告的所有权，故原告的主张于法有据。2008年6月2日，法院判决被告包某迁出原告吴某的房屋，并支付吴某房屋使用费共计9000元人民币。

法律解析

《民法通则》第75条规定，公民的合法财产受法律保护，禁止任何组织或者个人侵占、哄抢、破坏或者非法查封、扣押、冻结、没收。入狱服刑人员的民事权利不因其犯罪被剥夺，而是同样受到法律的保护。在本案中，被告未经原告同意，擅自入住原告的房屋，其行为侵犯了原告的所有权，根据《民法通则》第117条规定，侵占国家的、集体的财产或者他人财产的，应当返还财产，不能返还财产的，应当折价赔偿。故法院判决被告包某迁出原告吴某的房屋，并支付吴某房屋使用费。

法条链接

《民法通则》第75条、第117条

儿子擅取父存款　被判本息一起还

经典案例

2001年秋天，张大爷搬到大儿子处居住。不久，大儿子便将张大爷的储蓄存单以及身份证、户口簿、图章等骗走，并取出了2.6万元的存款及利息。张大爷多次找儿子索要存款，但都遭到拒绝。无奈之下，他只得向当地法院起诉。

法槌定音

法院经审理认为，张某是在没有合法根据的情况下，将其父亲的存款据为己有的，损害了其父亲的财产所有权。法院判决张某返还其父2.6万元及利息，逾期必须支付违约金，案件受理费、鉴定费等由张某负担。2003年4月，这位老人终于拿回了被儿子擅自占有的2.6万元。

法律解析

本案中，张某在没有征得其父亲同意的情况下，采取欺骗手段，擅自取走了其父的存款，其行为侵犯了其父的合法权益，违反了法律规定。根据《民法通则》第75条第2款规定，公民的合法财产受法律保护，禁止任何组织或者个人侵占、哄抢、破坏或者非法查封、扣押、冻结、没收。故法院依法判决被告张某返还其父2.6万元及利息，并承担案件受理费和鉴定费等。

法条链接

《民法通则》第75条

儿犯罪潜逃不归　父财产不容侵占

经典案例

2004年春，石老汉的儿子与李某之妻产生矛盾，一怒之下将其杀死后潜逃。到了2005年午收季节，李某强行抢收了石老汉家9亩小麦，并在石老汉的承包地上种植了农作物。石老汉托人协商，希望李某让出土地归还自己，但李某置之不理。无奈之下，石老汉只好将李某告上法庭，要求李某退还自己的承包地，并赔偿抢收小麦3000余公斤及经济损失2000元。

法槌定音

法院经审理认为，当事人应合理合法地解决庄邻纠纷，李某应在石老汉儿子归案后依法律程序来主张自己的权利，而不应该私自采取抢收和抢占石老汉的财产和土地，他的行为侵害了石老汉的合法权益，遂依法支持石老汉的诉讼请求，判决李某赔偿石老汉损失并退还其承包地。2006年1月6日，法院支持了石老汉的诉讼请求，依法判决被害人的家属李某赔偿石老汉损失。

法律解析

本案中，石老汉的儿子杀了被告李某之妻，被告李某应当通过法律途径主张自己的权利，而不应当强行抢占石老汉的合法财产。根据《民法通则》第75条第2款规定，公民的合法财产受法律保护，禁止任何组织或者个人侵占、哄抢、破坏或者非法查封、扣押、冻结、没收。同时，根据该法第80条第2款规定，公民、集体依法对集体所有的或者国家所有由集体使用的土地的承包经营权，受法律保护。故法院依法支持了原告石老汉的诉讼请求。

法条链接

《民法通则》第75条、第80条

占他人耕地修坟　判限期恢复原状

经典案例

原告冯某于1994年外出务工，将其承包地委托其兄代管。2002年10月16日，王某等五被告按照“阴阳先生”的指点，认为冯某的耕地风水好，遂在未征得原告及其兄同意的情况下，强行在原告的承包地上挖掘墓穴，并与随后前来阻止的原告之兄发生抓扯行为。同月，五被告将其母的遗体葬入该墓穴。

法槌定音

2004年9月，法院经审理认为，五被告未征得原告及其承包地代管人的同意，擅自改变耕地用途，在他人承包地上建坟，严重违反《土地管理法》禁止占用耕地实施土葬的有关规定，侵犯了原告的合法权益。故判令五被告在判决发生法律效力后一个月内将其母之棺从原告的耕地迁出，并将所占之地恢复成耕地。

法律解析

本案中，被告擅自在他人承包地上建坟的行为，违反了《土地管理法》禁止性的规定，侵犯了原告的合法权益。根据《土地管理法》第36条的规定，非农业建设必须节约使用土地，可以利用荒地的，不得占用耕地；可以利用劣地的，不得占用好地。禁止占用耕地建窑、建坟或者擅自在耕地上建房、挖砂、采石、采矿、取土等。故法院依法判决被告在限期内，将所占耕地恢复成原状。

法条链接

《土地管理法》第36条

交警乱收拖车费　行政违法应返还

经典案例

2007年1月31日，安某驾驶小轿车撞倒了一个骑车人。交警大队以“调查事故原因”为由，派拖车将安某的车拖走。事后证明，事故是因骑车人抢道而起，在公安局作出处理决定后，安某准备按照通知取回轿车。但公安交通管理局出具的《委托收费通知书》称：安某必须先向该市建设银行“指定账户”缴纳“拖车费”和“停车费”——共计713元。“交警部门的处理决定已经说明，这是‘调查鉴定’费用——既不是行政处罚也不是商业服务，为什么要由当事人来承担这笔费用？”安某认为这713元应该从交警部门行政办公费用中支出。为了赎回轿车，安某还是交了这笔钱，并向法院提起了诉讼。

法槌定音

2007年11月21日，安某终于等到了期待已久的法庭判决。判决表示，在现行的法律法规中，并未规定公安部门在处理道路交通事故中可收取此类费用。而被告作为“行政执法依据”的深圳市物价局1996年和1998年两份文件，不能作为交警行政行为的合法性依据，法庭不予支持。法庭作出判决，交警大队向安某收取拖车费、车辆保管费的行政行为违法，被告应在10日内返还713元并承担诉讼费用。

法律解析

行政诉讼，是指公民、法人或者其他组织认为行政机关工作人员在行使国家行政管理权的过程中，侵犯自己的合法权益时，依法向法院请求司法保护，并由法院对行政行为进行审查和裁决的一种诉讼活动。本案中，被告交警大队在没有法律法规依据的情况下，收取原告安某拖车费、车辆保管费的行政行为违法。根据《最高人民法院关于执行〈中华人民共和国行政诉讼法〉若干问题的解释》第58条规定，被诉具体行政行为违法，但撤销该具体行政行为将会给国家利益或者公共利益造成重大损失的，人民法院应当作出确认被诉具体行政行为违法的判决，并责令被诉行政机关采取相应的补救措施；造成损害的，依法判决承担赔偿责任。故法院依法对本案作出了上述判决。

法条链接

《最高人民法院关于执行〈中华人民共和国行政诉讼法〉若干问题的解释》第58条

三、财物损害篇

用餐时财物被抢　消费者自担主责

经典案例

一天晚上，姚女士带着儿子到一家麦当劳餐厅的二楼用餐，一女子趁姚女士不备，将其手提包抢走，姚女士起身追夺并大声呼喊“有人打劫”。追至二楼楼梯口时，抢包女子的两名同伙拦住姚女士……最后，抢包女子及两名同伙逃之夭夭。姚女士损失了一部价值2000多元的手机和现金450元。姚女士认为，由于餐厅内没有相应的安全保护措施，造成了她的损失，于是将这家麦当劳餐厅告上法庭，要求餐厅赔偿其损失2900元。

法槌定音

法院经审理认为，姚女士被抢包时，刚好保安就餐，餐厅内并无当值保安人员。麦当劳餐厅未在力所能及的范围内对原告的人身、财产安全尽到谨慎注意和照顾的义务，应对原告的财产损失承担责任。但这家餐厅已提醒过消费者要看管好自己的财物，姚女士却在用餐时把手提包置于桌面，使不法分子有可乘之机。因此，手提包被抢的主要过错责任应由姚女士自行承担，而餐厅则承担次要责任。法院最后判决：餐厅赔偿姚女士30%的损失。

法律解析

根据《侵权责任法》第37条的规定，宾馆、商场、银行、车站、娱乐场所等公共场所的管理人或者群众性活动的组织者，未尽到安全保障义务，造成他人损害的，应当承担侵权责任。因第三人的行为造成他人损害的，由第三人承担侵权责任；管理人或者组织者未尽到安全保障义务的，承担相应的补充责任。本案中，姚女士带着儿子到该家餐厅用餐时，不顾餐厅的提醒，仍粗心大意，将手提包置于桌面上，给不法分子以可乘之机，以致财物被不法分子抢走，故应承担主要责任。该餐厅未能对原告的人身、财产安全尽到必要的安全保障义务，应承担次要责任。故法院判决该餐厅赔偿姚女士 30% 的损失。

本案提醒：外出旅游、娱乐、购物、用餐时，首先要注意防止各种不同的人身损害事故的发生，以确保自己及家人的人身安全。同时还要注意防止自己的财物丢失，尤其是要提高警惕并擦亮眼睛，防止不法分子盗窃、抢劫和骗取自己的财物，万万不可粗心大意，才能确保自己的人身和财物安全。

法条链接

《侵权责任法》第 37 条

购物时翡翠被摔　买卖双方都担责

经典案例

2012 年 4 月的一天，老王来到某商场购物，在商场的珠宝专柜挑选珠宝时，被一个标价 12 万元的紫罗兰观音翡翠挂件吸引，就立即叫导购拿出来把玩。突然，“啪”的一声，这个价值 12 万元的挂件从老王的手中掉在了地上。该观音挂件的佛光处摔出了一道深深的裂纹。经民警现场调解，老王写下了一个字据，说明自己不小心摔坏了珠宝店的 12 万元翡翠观音挂件一件，并同意与珠宝店协商赔偿事宜，保证随叫随到，但此后双方并未就赔偿达成一致意见。

珠宝店将老王起诉到法院，要求赔偿 12 万元。并提供了实物及国家珠宝玉石质量监督检验中心出具的该翡翠观音的证书，证明该翡翠观音质量为 23.8760 克，质地良好，价签为一口价 12 万元。老王则称是导购在传递过程中，传递不稳才摔坏了翡翠观音，珠宝店也应承担部分责任，且该翡翠观音的标价过高，实际并不值那么多钱。但双方均未对该翡翠观音的价值进行鉴定。

法槌定音

法院经审理认为，老王在挑选玉器时，不小心将翡翠玉器摔到地上，应当承担赔偿责任，但珠宝店的销售人员在销售珠宝时，未能对这种体积小、价格昂贵、光滑易碎的商品进行必要的提醒，也应当承担一定的责任。2013年7月，法院以双方调解的赔偿价格判决老王赔偿珠宝店2.3万元。

法律解析

《民法通则》第117条第2款规定，损坏国家的、集体的财产或者他人财产的，应当恢复原状或者折价赔偿。本案中，老王在挑选翡翠挂件时将该挂件摔出裂缝，对该挂件造成了一定的损坏，该翡翠挂件又无法恢复原状，但由于无法确定该翡翠挂件的价值，故法院只能根据双方协商时的赔偿价格判决赔偿。

法条链接

《民法通则》第117条

司机开门放扒手　客运公司被判赔

经典案例

2004年10月23日下午，周先生乘某汽车运输有限公司璧山分公司所属中巴车时，发现包被人用刀片划破，随身所带手机不翼而飞。周先生环顾四周，发现一男子形迹可疑，于是紧紧拽住其衣领。这名男子拒不归还手机，一边朝司机大喊“停车”，一边向车门挤去。周先生急呼：“别开门，把车开到公安局！”然而车门还是打开了，男子得以顺利逃脱，周先生于是把中巴车所在的运输公司告上了法庭。

法槌定音

法院经审理认为，周先生购票乘坐被告所有客车，双方形成了客运合同关系。周先生手机被盗，在其与扒手争斗中，被告下属的司售人员非但没有予以及时有效的救助，还打开车门，给了扒手逃跑的可乘之机，被告对周先生的被盗受损存在重大过错，应当承担主要民事责任，遂判决某汽车运输有限公司璧山分公司赔偿周先生被盗损失 4480 元。

法律解析

《合同法》第 303 条规定，在运输过程中旅客自带物品毁损、灭失，承运人有过错的，应当承担损害赔偿责任。本案中的周先生在乘坐被告的客车过程中手机被盗，在其与扒手争斗中，被告司售人员不仅没有予以救助，还打开车门放走扒手，存在重大过错。同时，周先生因放松了对扒手的警惕，导致其手机被盗，也有过错。根据《民法通则》第 131 条规定，受害人对于损害的发生也有过错的，可以减轻侵害人的民事责任。故法院依法判决被告客运公司赔偿周先生手机被盗的损失。

法条链接

《合同法》第 303 条，《民法通则》第 131 条

司机看美女撞车　法院判漂亮无错

经典案例

2005 年 12 月 19 日，穿着入时、天生丽质的黎某站在路边等出租车时，两位开车赶路的司机因同时欣赏站在路边的黎某而发生了交通事故。因赔偿问题经多方调解未果，两位司机居然以黎某是引起险情发生的人，故应承担相应民事责任为由，将其告上法庭。

法槌定音

法院经审理认为，两位司机发生交通事故与黎某的行为之间并不存在必然的因果关系，发生交通事故的真正原因是两位司机的违章驾驶行为。2005 年 12 月，法院认定：美丽不是过错。故依法驳回了两位司机的诉讼请求。

法律解析

《道路交通安全法》第22条规定，机动车驾驶人应当遵守道路交通安全法律、法规的规定，按照操作规范安全驾驶、文明驾驶。本案中的两名司机在驾驶机动车时，违反了《道路交通安全法》的规定，因双方只顾观看美女黎某，从而导致两车相撞的交通事故，本应由其双方承担事故的全部责任，但因赔偿问题解决未果，认为美女黎某是引起险情发生的人，居然将黎某告上了法庭，其行为实属荒唐。故法院依法驳回了两名司机的诉讼请求。

本案提醒：开车违规出事故，造成损失应自担。

法条链接

《道路交通安全法》第22条

安装打断承重梁　造成损失应赔偿

经典案例

2007年4月，黄先生向上海某电器销售公司购买了一台家用中央空调，双方签订了空调系统销售和安装合同书，约定由电器公司负责空调系统室内外机的安装和冷媒管、风道管等制作安装及保温等。后某电器销售公司安装人员在安装操作时，将客厅承重横梁内的钢筋击断。为了对击断钢筋的横梁进行加固，黄先生花去加固费用500元。

法槌定音

法院经审理认为，被告某电器销售公司作为一家专业空调设备公司，应当具备专业技能，并在设备安装过程中尽到谨慎义务，安装人员错误指定钻孔位置给原告造成损失，应当予以赔偿。

2008年1月16日，法院判令某电器销售公司承担责任，赔偿客户黄先生经济损失500元。

法律解析

本案中，被告某电器销售公司安装人员在设备安装过程中未尽到谨慎义务，错误指定钻孔位置，将客厅承重横梁内的钢筋击断，给原告黄先生造成损失。根据《民法通则》第 106 条的规定，公民、法人违反合同或者不履行其他义务的，以及由于过错侵害国家的、集体的财产，侵害他人财产、人身的，应承担民事责任。同时，根据《民法通则》第 117 条的规定，损害国家的、集体的财产或者他人财产的，应当恢复原状或者折价赔偿。故法院依法判决被告某电器销售公司赔偿原告黄先生经济损失。

法条链接

《民法通则》第 106 条、第 117 条

村里停电未告知　造成损失应担责

经典案例

2009 年 6 月 24 日上午 10 时许，某电力部门在查电过程中，发现某村村委会的变压器计量表存在窃电行为，于是对其采取了停电措施。此时，村民李某养的一头母猪正在产仔，不料却突然停电，导致猪舍无法排风，温度不断升高，母猪和仔猪都面临生命危险。李某焦急万分，赶忙找到村委会要求立即恢复供电，但被拒绝。虽经极力抢救，母猪最终还是因虚脱而亡，所产 12 只仔猪也相继死亡。面对悲惨的场面，李某伤心不已，在和村委会交涉未果的情况下，李某一纸诉状将村委会推上了被告席，请求法院判令村委会赔偿其因停电导致的经济损失 1.4 万元。

法庭上，李某向法院提供了电费收据，证明自己一直按月向村委会交纳电费，是合法用电。而村委会则认为，李某养殖的猪和仔猪死亡与村委会没有任何关系，不同意赔偿。

法槌定音

法院经审理认为，电力部门对窃电行为采取停电措施，符合《天津市供电用电条例》的有关规定。原告李某饲养的母猪及生产的仔猪死亡，与停电存在因果关系。原告的猪舍坐落在被告村地界，被告每月收取电费，对其停电应有告知原告的义务，其行为对原告财产造成的经济损失负有主要责任。2010 年 7 月，法院判处村委会赔偿村民李某因停电给其造成的经济损失 4000 元。

法律解析

《民法通则》第 106 条规定，公民、法人违反合同或者不履行其他义务的，或者由于过错侵害国家的、集体的财产，侵害他人财产、人身的，应当承担民事责任。本案中，原告李某一直向村委会交电费是合法用电，村委会停电对原告应有告知的义务，村委会停电未告知，存在过错，故对原告财产造成的经济损失负主要责任，依法应予以赔偿。

法条链接

《民法通则》第 106 条

打药杀虫未告知　毒死蜜蜂应赔偿

经典案例

2005 年 7 月，养蜂户魏师傅和田师傅将 150 箱蜜蜂放在林带里饲养，距离连队保植员钟某承包的棉田仅 20 多米。7 月 9 日 18 时，钟某为杀灭害虫，在棉田里喷洒了敌敌畏等农药，打药前也没有通知养蜂户。当晚，养蜂户发现蜜蜂箱里的蜜蜂有大半死亡，其余 60 箱不同程度受损。

法槌定音

法院经审理认为，被告钟某打药杀虫，未尽告知义务，存在过错，应承担相应的赔偿责任。2006 年 1 月，法院判决钟某赔偿养蜂人经济损失 3 万元。

法律解析

在棉田里打农药杀虫固然重要，但也应考虑到养蜂人的利益，尽到自己的告知义务。本案中，由于钟某在棉田里喷洒农药杀虫，未尽告知义务，导致养蜂人的蜜蜂大半死亡，存在过错。根据《民法通则》第106条规定，公民、法人由于过错侵害国家的、集体的财产，侵害他人财产、人身的，应当承担民事责任。故法院依法对本案作出了上述判决。

法条链接

《民法通则》第106条

风刮树倒砸坏房　树主被判赔对方

经典案例

原、被告双方均为某村民小组的村民。1980年，该村将原告房屋以北的耕地分给被告作为责任田。当年，被告即在原告家墙外栽种了一棵桐树。因该树距离原告家房屋较近，且桐树逐渐长大，一遇刮风，树枝即掉落原告家院内，原告遂多次告知被告该树木对其房屋安全有威胁，劝说其将树伐掉，但被告不以为然。

2004年6月中旬，一阵狂风将树刮倒，树身砸在了原告家房顶上，房顶、屋内墙上出现多处裂痕。事后，经村、乡两级调解组织调解未果，原告遂向法院起诉，要求被告赔偿经济损失3000元。在审理过程中，经价格认证部门对原告房屋损失情况进行鉴定，修缮费用需2624元，另原告又支付鉴定费700元。

法槌定音

法院经审理认为，被告作为树木所有权人，对原告劝其伐掉树木的善意劝告置若罔闻，持放任态度，导致桐树被风刮倒，致使原告房屋受损，被告对此应承担赔偿责任。原告的诉讼请求合理，应予支持。2005年3月，依照《民法通则》的有关规定，法院判令被告赔偿原告经济损失3000元。

法律解析

树大招风，风吹树倒，尤其是遇到风雨天气，土壤松动，大树更容易被风刮倒，损害人们的生命财产，我们必须予以高度警惕。本案中的被告作为树木的所有权人，却无视原告善意的劝告，导致大树被大风吹倒，造成原告房屋受到损害，应当承担民事赔偿责任。根据《民法通则》第106条、第117条的规定，公民、法人由于过错侵害国家的、集体的财产，侵害他人财产、人身的，应当承担民事责任。损坏国家的、集体的财产或他人财产的，应当恢复原状或者折价赔偿。故法院依法判决被告赔偿原告经济损失3000元。

法条链接

《民法通则》第106条、第117条

相邻种地不守约　造成损失酌情赔

经典案例

张某与祝某均系外市承包土地的农户，但张某种植的140亩玉米地明显比相邻的祝某种植的860亩棉花地地势低洼。几年来，双方与周围的种植户一致约定，一旦出现旱涝等问题，需动用抽水泵自行解决。2014年7月的一场暴雨，来势十分迅猛，短时间之内各种植户的承包地内均蓄积了大量积水，张某地里的积水更深，140亩玉米苗全部被淹没。祝某看到雨势很大，就擅自挖开地头上的渠坝进行排涝，雨水顺着地形流入张某的地里，导致张某的玉米地颗粒无收。经鉴定，张某的损失为7.9万元。后张某将祝某诉至法院，要求赔偿。

法槌定音

法院经审理认为，地势低洼、雨水过大是造成张某损失的主要原因，但祝某在排涝时应当顾及周边农户的权益，不得擅自改变周边农田水利设施的现状，其排涝不当进一步加重了原告的损失。2014年11月，法院判决被告祝某承担20%的赔偿责任，责令其赔偿原告张某15800元。宣判后，双方均表示服判息诉。

法律解析

抗旱排涝是实现农业生产丰收的重要保证。在本案中，被告祝某和原告张某是承包地相邻的种植户，本应按照双方的约定，遇到旱涝时各自用抽水机解决，但被告祝某为了保住自己种植的棉花不被淹死，不顾原告种植的玉米的死活，擅自挖坝排涝，导致张某的玉米颗粒无收。根据《民法通则》第117条第2款的规定，损坏国家的、集体的财产或者他人财产的，应当恢复原状或者折价赔偿。故法院依法判决被告祝某承担20%的责任，赔偿原告张某15800元。

法条链接

《民法通则》第117条

砖厂烟雾污果园　造成损失要赔偿

经典案例

2003年6月，被告郑某等二人在距原告潘某果园南200米处建造砖厂，该砖厂产生大量废气，造成烟雾飘至原告果园，致使果树出现不同程度的损害症状。为此，原告曾于2004年7月向法院提起诉讼，要求二被告赔偿果园经济损失并停止侵害。法院经审查认定二被告侵权事实成立，判令二被告赔偿原告果园经济损失4.9万余元。然而二被告继续污染果园，致使果园在2005年继续遭受经济损失。于是，原告再次提起诉讼。

法槌定音

法院经审理认为，该案应实行举证责任倒置原则，二被告未提供任何相关证据证实其可以免责的情形，不能排除果园损失与砖厂污染无关的可能性。法院根据市农业局《调查评估意见》对原告果园损失进行的评估、鉴定，判决被告承担赔偿责任。2006年7月5日，法院判决由被告郑某等二人赔偿原告潘某果园经济损失 16 万余元。

法律解析

《环境保护法》第 6 条第 1 款、第 3 款的规定，一切单位和个人都有保护环境的义务。企业事业单位和其他生产经营者应当防止、减少环境污染和生态破坏，对所造成的损害依法承担责任。《大气污染防治法》第 125 条规定，排放大气污染物造成损害的，应当依法承担侵权责任。在本案中，被告郑某等二人建造的砖厂产生的大量废气造成原告种植的果树受到了严重损害。根据《民法通则》第 117 条第 2 款、第 3 款的规定，损害国家的、集体的财产或者他人财产的，应当恢复原状或者折价赔偿。受害人因此遭受其他重大损失的，侵害人应当赔偿损失。故法院依法对本案作出了上述判决。

法条链接

《环境保护法》第 6 条，《大气污染防治法》第 125 条，《民法通则》第 117 条

误导果农施错药　造成损失需赔偿

经典案例

2005 年 5 月，农民李某引种的葡萄出现叶斑病，他便到于某的果树技术指导站咨询，该站工作人员向原告推荐“特菌佳”，李某施用后导致其所种葡萄 90% 严重遭到药害。法院经审理查明，被告出售的“特菌佳”，可以在葡萄树上使用防治白粉病，但没有依据说明可防治葡萄树上的叶斑病，而且被告介绍给原告的药品浓度是用于香蕉树上的，在对葡萄使用时配比浓度过高，造成了损失。

法槌定音

法院经审理认为，该果树技术指导站因误导果农喷施“特菌佳”农药，造成严重损失，应承担赔偿责任。2005 年 10 月，法院判决该果树技术指导站赔

偿果农损失5000余元。

法律解析

作为一家从事果树专业技术的指导站，对于什么果树出现什么样的病害和虫害，应当使用什么农药以及药物浓度的配比，应当较为清楚。而在本案中，这家果树技术指导站却因误导果农喷施“特菌佳”农药，给果农李某造成了严重损失。根据《民法通则》第106条的规定，公民、法人由于过错侵害国家的、集体的财产，侵害他人财产、人身的，应当承担民事责任。故法院依法判决该果树技术指导站赔偿果农李某损失5000余元。

法条链接

《民法通则》第106条

村民地里烧秸秆　殃及邻居花生地

经典案例

2011年6月5日，午收过后，李某没有听从村干部的劝说，点火焚烧自己家的麦茬。在麦茬烧到一半的时候，突然刮起一阵大风，火势迅速蔓延，很快把邻居王某家的近2亩正在生长的花生烧了个精光，致使王某损失3000多元。为此，王某找到李某要求赔偿，李某承诺用自己家的2亩花生作为赔偿，到花生收获时，王某直接收就可以了。转眼就到了花生收获的季节，可是李某却反悔了，说王某家的花生其实不只是自己一家放火烧的，当时吴某也放火烧麦茬了，王某家的损失不能只让自己赔偿，自己只愿意赔500元。于是王某又找到吴某，在村民的证明下，吴某承认自己也放火了，愿意和李某一起赔偿王某，但也只愿意最多赔500元。自己损失了3000多元，两家总共才愿赔1000元，王某当然不愿意，于是就把李某和吴某告上了法庭。

法槌定音

法院经审理认为，判决李某和吴某各赔偿王某1500元。对于法院判决吴某服判，而李某不服，只愿意赔500元。李某提起上诉，二审法院接案后及时做庭前调解，对李某焚烧麦茬的做法给予了批评和教育，同时考虑到李某家确实困难，就耐心做王某的工作。最后王某和李某达成协议，李某当庭自愿付给王某815元，曾经的好邻居又握手言和。

法律解析

为了播种方便，每年午收过后，不少村民点火将自家的麦茬烧掉，不仅污染了环境，还直接威胁着村民的生命财产的安全，致使人身损害和财产损害的事故时有发生。在本案中，被告李某和吴某违反上级的规定，不听村干部的劝说，在焚烧自家地里的麦茬时，将邻居王某家正在生长的近2亩花生烧光。根据《民法通则》第117条第2款规定，损坏国家的、集体的财产或者他人财产的，应当恢复原状或者折价赔偿。故法院依法对本案作出了上述判决。

法条链接

《民法通则》第117条

杂物堵塞下水道　损坏财物共担责

经典案例

家住一层的乔女士与楼上16层住户共同使用同一下水道。2003年7月26日晨，由于下水道主管道堵塞，污水从乔女士卫生间排水口外溢，将室内木地板、门套、木门等浸泡。当日，物业公司从下水管道中掏出袜子、塑料袋、骨头、头发等杂物。

愤怒之下，乔女士于2004年5月将楼上16层住户一并告上法庭，要求他们共同赔偿经济损失1万余元。而楼上的16家住户要么称下水道设计有问题；要么称是物业公司、开发商的责任；要么称管道是十七户共用，不一定是自己的责任。他们都认为与自己没有关系，因此不同意乔女士的诉讼请求。

法槌定音

法院经审理认为，乔女士与楼上16家住户作为上下楼邻居，共同使用同一污水主管道排放生活污水，应共同维护管道的通畅，保证公共设施的正常使用。乔女士家位于污水管道的最底层，因下水道被污物堵塞，污水从卫生间外溢，造成其财产受损，与某些住户的使用不当存在因果关系。

审理法官鉴于无法确认堵塞下水道公共部分污物的直接来源，从维护公共利益角度出发，在无免责事由的情况下，应由使用主管道的各住户共同承担赔偿责任。因无法确定责任比例，应当由包括乔女士在内的17家共同使用管道的住户平均分担乔女士所受财产损失。

2005年3月，法院判决：乔女士楼上的16层住户各一次性赔偿乔女士200元经济损失。

法律解析

楼上楼下众多住户共同使用一个排污管道，每户在排放污水时都应当十分注意，避免带有杂物的污水排进下水管道，以保证公共设施的正常使用。本案中，乔女士家住二楼，与楼上16家住户为上下楼邻居，共同使用同一污水管道排放生活污水，因下水道被污物堵塞，造成了乔女士家的财产损失。然而楼上16家住户都认为与自己无关。根据《民法通则》第130条规定，二人以上共同侵权造成他人损害的，应当承担连带责任。故法院依法判决乔女士楼上的16家住户各一次性赔偿乔女士200元的经济损失。

法条链接

《民法通则》第130条

消防救火淹楼下　紧急避险不担责

经典案例

2012年12月10日8时50分许，一栋住宅起火，消防官兵到场用水将火扑灭，救火的水淹到了楼下住户。经评估鉴定，共给楼下居民造成 19700 元损失。公安局消防大队认定，火灾为二楼电褥子起火引燃被褥所致。经查，二楼住户是附近一家汽修厂的员工，是汽修厂老板刘某给员工租的宿舍。消防大队做出的《火灾事故调查登记表》中认定失火房屋“现由刘某租住”。《火灾事故认定书》及送达回执上也均有刘某签字。

法槌定音

法院经审理认为，刘某为房屋承租人，即便其没有实际居住，而将房屋有偿或无偿交由工人居住，其也应承担赔偿责任。另外，刘某也未提供证据证明其尽到了防火安全的管理责任。与此同时，法院判决刘某可在赔偿后再找实际造成起火原因的最终责任人行使追偿权。

对此，刘某不服，要求追加消防部门为被告，如果消防官兵不救火就不会淹到楼下，故要求由消防部门承担赔偿责任。新民市人民法院审理认定，消防部门救火是在履行法律赋予的保护人民生命、财产安全的神圣义务，是一种紧急避险行为，因此对刘某的申请不予准许。法院最终判决刘某赔偿一楼住户 19700 元和评估费 500 元。

法律解析

紧急避险，是指为了国家、公共利益、本人或者他人的人身和其他权利免受正在发生的危险，不得已损害另一较小合法利益的行为。《民法通则》第 129 条规定，因紧急避险造成损害的，由引起险情发生的人承担民事责任。如果危险是由自然原因引起的，紧急避险人不承担民事责任或者承担适当的民事责任。因紧急避险采取措施不当或者超过必要的限度，造成不应有的损害的，紧急避险人应当承担适当的民事责任。本案中，引起火灾的险情是由租房人刘某的员工所致。消防部门救火是在履行自己的义务，是一种紧急避险行为，且在救火过程中，采取措施适当，没有超过必要限度，不存在过错。故法院判决刘某赔偿一楼住户损失 19700 元和评估费 500 元。

法条链接

《民法通则》第 129 条

发生火灾只顾逃　造成损失应赔偿

经典案例

杨某于 2003 年 9 月 1 日起承租门面房一间，从事摩托车修理，并与房东李某订立租房协议。2003 年 10 月 7 日，杨某停放在店门口的两辆助力电动车失火，由于杨某启开卷帘门逃遁，使火焰烧至店内，引发火灾，烧毁李某刚装修完毕的房屋，房屋内的家具、电器、衣物、厨房用具、生活用品等也全部被烧毁。火灾发生后，当地派出所调解不成，李某诉至法院请求判令赔偿 51000 元经济损失。

法槌定音

法院经审理认为，被告杨某发现火灾不报警、不施救的行为存在重大过错，应承担民事赔偿责任。2004 年 7 月 9 日，法院调解了这起由助力电动车失火引发房屋起火的财产损害赔偿纠纷案，慌忙逃命的杨某赔偿房东李某财产损失 33000 元。

法律解析

发现失火后，应立即组织施救，并及时报警，绝不能惊慌失措，一逃了之。本案中的被告杨某发现停放在自己店门前的两辆助力电动车失火，一不施救，二不报警，却打开卷帘门只顾自逃，导致大火烧毁原告李某家财产，存在重大过错。根据《民法通则》第 106 条、第 117 条的规定，公民、法人由于过错侵害国家的，集体的财产，侵害他人财产、人身的，应当承担民事责任。损坏国家的、集体的财产或者他人财产的，应当恢复原状或者折价赔偿。故法院依法主持了被告杨某赔偿原告李某财产损失 33000 元的调解。

法条链接

《民法通则》第 106 条、第 117 条

私拆他人违章建筑　同样违章应当赔偿

经典案例

张某按农村风俗于 1994 年在本村山上为其母建造了寿坟，刘某于 2005 年 3 月 10 日雇民工擅自将该坟挖开、毁坏。

法槌定音

法院经审理认为，原告建坟未办理有关审批手续，未取得山林土地使用权，其做法不当，但原告建坟投入了有关材料和人工，而被告未经行政机关授权擅自损毁该寿坟，对原告造成了一定的经济损失，被告应对该损失予以赔偿。

2005 年 10 月，法院对原告张某诉被告刘某坟地损害赔偿纠纷案作出判决：刘某赔偿张某坟地损害赔偿款 380 元。

法律解析

《土地管理法实施条例》第 35 条规定，在临时使用的土地上修建永久性建筑物、构筑物的，由县级以上人民政府土地行政主管部门责令限期拆除；逾期不拆除的，由作出处罚决定的机关依法申请人民法院强制执行。本案中，原告违章在山上为其母建造寿坟，被告未经有关行政部门授权，擅自将原告建筑的坟挖开、毁坏，同样属违章行为。根据《民法通则》第 106 条第 2 款的规定，公民、法人由于过错侵害国家的、集体的财产的，侵害他人财产、人身的，应当承担民事责任。故法院依法判决被告刘某赔偿原告张某财产损失费 380 元。

法条链接

《土地管理法实施条例》第 35 条，《民法通则》第 106 条

四、拾物归属篇

拾到现金还错人　真正失主找上门

经典案例

2012 年 10 月 29 日下午，吕某下班回家途中拾得一皮包，内有 5600 元现金及一张磁卡。自小受到良好教育的她毫不犹豫地想到要归还失主，于是就站在原地等了起来，还不停地向行人打听。

随着夜幕的渐渐降临，吕某也心急起来，因为她还得赶路。此时，她发现一东张西望者，便跑过去问他是不是掉了钱包，那人说是，并表示已找了半天，吕某未加思索，便将皮包、现金、磁卡交给了他。吕某自以为做了一件好事，却没料到，次日早晨刚上班，真正失主刘某找上门来，尽管一再解释，刘某仍不予谅解，最终告上了法院。

法槌定音

法院经审理认为，吕某拾到遗失物后，便寻找失主，符合《民法通则》第 79 条第 2 款之规定，由于她的过失，将拾到的遗失物被人冒领，在客观上给失主造成了损害，应承担民事责任。至于她日后向冒领者追偿，则属另一法律关系。根据《民法通则》第 106 条第 2 款之规定，法院判决吕某赔钱。

法律解析

《物权法》第 109 条规定，拾得遗失物，应当返还权利人。拾得人应当及时通知权利人领取，或者送交公安局等有关部门。本案的被告吕某拾到 5600 元现金及一张磁卡，在寻找失主，这本是一件拾金不昧的好事。然而，她却没有将拾到的钱交给真正的失主，也没有送到公安部门，反而被人冒领，的确存在重大过错，给失主造成了损害。根据《民法通则》第106条规定，公民、法人由于过错侵害国家的、集体的财产，侵害他人财产、人身的，应承担民事责任。故法院依法判决被告吕某赔钱。

法条链接

《民法通则》第79条、第106条，《物权法》第109条

捡得名表却丢弃　被判返还或赔偿

经典案例

2012年8月8日，邱先生在小区门口停好车开门时，磕碰到路过的唐先生，引起双方争执，继而发生扭打。事后，唐先生回到家中，发觉佩戴的手表丢失，在发生扭打的现场也没找到，查看小区视频录像，发现手表被邱先生捡走。第二天晚上，唐先生至邱先生家中要求返还手表，却被告知捡到的手表已被扔掉，唐先生遂报案。8月10日，经公安机关询问，邱先生承认在事发现场捡到一块欧米茄深蓝表盘、钢带的手表，但在事发的第二天中午，因女友觉得该表是假表，就扔进了垃圾桶，后无法找回。

2012年9月，唐先生诉至法院，要求邱先生返还手表，或者按照该手表当时市场价2.88万元的80%折旧赔偿23040元。邱先生辩称，他是捡到了一块手表，但已丢掉，现在无法返还。

法槌定音

一审法院经审理认为，判决邱先生返还唐先生欧米茄手表一块，若未能返还，赔偿唐先生损失1.6万元。唐先生不服，提起上诉。上海市第一中级人民法院二审认为，根据已有证据，可以认定邱先生拾得的手表即为唐先生遗失的手表。邱先生在拾得手表后既未通知唐先生领取，又未及时送交有关部门，而是以丢弃为由拒不返还，应承担相应的民事责任。如邱先生未能返还原物，则应承担相应的赔偿责任，至于具体的赔偿数额，应以唐先生实际

损失为准。根据系争手表的购买发票以及手表的使用情况等相关因素，一审法院酌定若未能返还手表时被告应赔偿 1.6 万元，亦属合理。故二审判决驳回上诉，维持原判。

法律解析

《民法通则》第 79 条规定，拾得遗失物，应当归还失主，因此而支出的费用由失主偿还。《物权法》第 109 条和第 111 条规定，拾得遗失物，应当返还权利人，或者送交公安等有关部门。拾得人在遗失物送交有关部门前，应当妥善保管遗失物。因故意或者重大过失致使遗失物毁损、灭失的，应当承担民事责任。本案中，邱先生拾到手表后却又将其当作假表扔掉，造成手表灭失，有重大过错，故依法应当承担相应的民事赔偿责任。

法条链接

《民法通则》第 79 条，《物权法》第 109 条、第 111 条

捡到死牛不归还　腐烂变质赔八百

经典案例

2001 年 11 月 5 日一大早，农民老李牵着自家的一头黄牛，准备上农贸市场卖掉后给儿子筹办结婚彩礼。当老李牵着牛经过公路时，黄牛被过路汽车的鸣叫声吓惊，脱缰狂奔，被另一辆汽车当场撞死。肇事汽车趁大雾逃之夭夭。老李无奈之下，将死牛拖到路边，然后回村喊人欲将死牛拉回家。不一会儿，邻村的贺某驾驶着拖拉机路过此处，发现死牛后便叫人将死牛抬上拖拉机运回了家。当老李喊来村民发现这一情况后，来到贺某家要牛。贺某承认捡了一头牛，但要求老李拿出 500 元钱和十公斤牛肉，方可将死牛赎回。老李觉得这伙人太不好“说话”了，便找来村镇两级组织出面调解，但半月过去了，拖而未决，死牛却在贺某家渐渐腐烂变质。至此，老李一纸诉状将贺某告上法庭，要求贺某赔偿其经济损失 2000 元并赔礼道歉。

法槌定音

法院经审理认为，贺某捡拾死牛藏匿家中，属不当得利，因此而给老李造成损失，贺某应负全部责任，赔偿老李800元。贺某不服，上诉后被二审法院驳回。

法律解析

本案中的被告贺某捡到一头死牛拉回家中，失主老李前去索要，贺某却不愿归还，非要其拿钱赎牛，从而导致死牛腐烂变质，无法食用。根据《民法通则》第79条规定，捡得遗失物、漂流物或者失散的饲养动物，应当归还失主，因此而支出的费用由失主偿还。故法院依法判决被告贺某承担全部责任，赔偿原告老李800元。

法条链接

《民法通则》第79条，《物权法》第109条、第111条

返还母牛和小牛　失主应付饲料费

经典案例

2004年10月的一天，张某的一只临产母牛走失。张某四处寻找但没有找到。原来母牛在山上吃草时，跑到了在山坡下居住的陈某家中。陈某便将母牛拴在自家院中精心饲养，不久，母牛顺利产下一只小牛。后来，张某发现自己的母牛被陈某拾得，想要回自己的母牛及小牛。但陈某只同意归还母牛不同意归还小牛，并认为小牛是在自己精心照料母牛的情况下才出生的，小牛应归自己所有。

法槌定音

法院经审理认为，取得的不当利益应返还受损失的人。返还的不当利益范围，包括原物和原物所生孳息。

2005年11月，法院审结了这起走失的母牛产下牛崽，对牛崽归属产生争议的案件，法院判决拾得人陈某返还张某母牛及小牛，张某给付陈某饲料款200元。

法律解析

本案的被告陈某拾到一头母牛后，并没有寻找失主，而是将其拴在自己家中饲养，后来便产下了一头小牛。根据《民法通则》第79条规定，拾得遗失物、漂流物或者失散的饲养动物，应当归还失主，因此而支付的费用由失主偿还。故法院依法判决被告陈某返还原告张某母牛及小牛，张某给付陈某饲料款200元。

法条链接

《民法通则》第79条

乘客下车忘带物　司机侵占索报酬

经典案例

2013年4月19日下午，杨某乘坐出租车回家，到家下车时将装有身份证、金戒指、手机、5400元现金等物品的皮包遗忘在了车上，待其记起该皮包时，车已经开出了一段路程。杨某立即租车追赶，但没有追上。后来杨某找到了车主田某的联系电话，在杨某的苦苦哀求之下，田某才勉强答应将身份证、结婚证退回给杨某，而5400元现金则作为感谢费用，还说手机已被他丢进河里了。迫于无奈，杨某只好按田某的意思写下了协议书，只取回了身份证、结婚证及金戒指，其他财物均被田某侵占。对于这一揪心之事，杨某无法释怀，于是向法院提起民事诉讼，请求确认2013年4月19日两人所签协议无效，判令田某返还杨某人民币5000元及手机一部。

法槌定音

法院经审理认为，拾得遗失物，应当返还权利人。2013年12月20日，法官组织双方进行庭前调解。经调解，杨某与田某自愿达成了“4月19日两人所签协议无效、田某返还杨某现金”的调解协议。杨某的合法权益最终得到了法律的保护。

法律解析

在生活实践中，外出办事或旅游的乘客，因粗心大意将所携带的财物遗忘在车上的事件时有发生。对此，不仅乘客有义务将其捡到的财物及时寻找归还失主，作为运送乘客的司机更应当将乘客遗忘的财物保管好，并及时寻找失主，或交给当地公安部门处理。本案中的司机田某在捡到其运送乘客杨某遗忘的贵重财物后，不仅不愿归还，反而将其侵占，强行索要大额报酬，其行为违反了法律的规定。根据《民法通则》第79条的规定，拾得遗失物、漂流物或者失散的饲养动物，应当归还失主，因此而支出的费用由失主偿还。故法院依法对本案进行了调解，有效地维护了失主杨某的合法权益。

本案提醒：消费者外出办事或旅游时，务必要保存好自己携带的财物，以免给自己带来不必要的烦恼。拾物者应及时寻找失主或将其交给公安部门处理。否则，法院将强制执行。另外，根据《刑法》第270条的规定，将他人的遗忘物或者埋藏物非法占为己有，数额较大，拒不交出的，处二年以下有期徒刑、拘役或者罚金；数额巨大或者有其他严重情节的，处二年以上五年以下有期徒刑，并处罚金。

法条链接

《民法通则》第79条，《刑法》第270条

五、土地纠纷篇

村民虽然上大学　承包收益应享有

经典案例

周某是某村民小组村民。2001 年 8 月，周某被清华大学录取，其户口在 2001 年从农村迁往清华大学。之后，村民小组以周某户口已迁出为由，从 2002 年起，停止向周某分配土地承包收益。

周某认为，虽然他的户口已经从村里迁走，但他并没有参加工作，且在上学期间还要支付各种费用，村民小组在其还没有毕业参加工作前扣发他土地承包收益分配款，于理于法均无据。随后，周某将村民小组告上法院。

法槌定音

法院经审理认为，依据我国农村土地承包等相关规定，在校大学生仍保留承包地的，应享有承包土地收益的分配权。原告周某将户口转入清华大学，是为了便于学校和当地有关部门的户籍管理，这并未取消周某作为村民小组土地承包经营权利人的资格，周某作为村民小组村民，分配权资格应当保留，享有与该组村民同等的得到土地承包收益分配款的权利。

法院认定大学生户口迁移但土地收益分配权应当保留。判令被告某村民小组支付原告周某的土地承包收益分配款共计 1.02 万元。

法律解析

本案中，原告周某的户口虽然已迁入所在学校，属于在校大学生，但并不必然导致其丧失原集体经济组织成员的资格，由于其在上学期间仍依靠集体经济组织的土地为基本生活保障，所以周某应当和其他村民一样平等地享有各项权利。根据《农村土地承包法》第16条的规定，承包方依法享有承包地使用、收益和土地承包经营权流转的权利，有权自主组织生产经营和处置产品。故法院依法判决被告村民小组支付原告周某土地承包收益分配款共计1.02万元。

法条链接

《农村土地承包法》第16条

土地补偿平均分　出嫁女儿也有份

经典案例

八名某村妇女嫁到外地后户口一直未迁出，依然在该村承包土地。2005年夏天，该村因部分土地被征用，获得土地补偿费94万元，村里将这笔钱的绝大部分平均分配给了该村村民，但这八名妇女却未领到补偿款。为此，她们向法院提起诉讼，要求其与其他村民一样得到土地补偿费。

法槌定音

法院经审理认为，八名原告虽然出嫁外地，但她们对该村尽了与其他村民相同的义务，故此，应认定她们仍是该村集体组织的成员，应与其他成员享受相同的待遇，法院判决被告给付原告与其他村民相同份额的土地补偿费。宣判后，原、被告双方均未提出上诉。

法律解析

我国《农村土地承包法》第30条规定，承包期内，妇女结婚，在新居住地未取得承包地的，发包方不得收回其原承包地。本案中，作为户口没有迁出的八名出嫁女，在新居住地又未取得承包地，应与其他村民享受同等的权利。因此，根据《农村土地承包法》第16条规定，承包方承包地依法被征收、征用、占用的，有权依法获得相应的补偿。故法院依法判决被告给付该村八名出嫁女与其他村民相同份额的土地补偿费。

法条链接

《农村土地承包法》第16条、第30条

出嫁未分承包地　原承包地不能收

经典案例

原告李某于1998年与被告某村第五村民小组签订了承包经营合同书并领取了土地经营权证。1999年3月，原告李某与外地青年结婚，但一直未将户籍迁出，一直在男方居住地未分得承包地。被告以原告已出嫁为由，收回了原告的承包地，对2001年、2002年两年中该组每个村民应得的征用土地补偿费610元和3011.33元也未分配给原告。为此，原告诉至法院，要求被告立即停止侵害其土地承包权，退回收走的承包地，分给应分得的征用土地补偿费。

法槌定音

法院经审理认为，原告与被告签订的承包经营合同书合法有效。原告于1999年3月与外地青年结婚，在新居住地未取得承包地，根据《农村土地承包法》第30条规定，"承包期内，妇女结婚，在新居住地未取得承包地的，发包方不得收回其原承包地"。遂判决被告某村第五村民小组应立即停止侵害，返还原告李某的承包土地。并付给原告李某征用土地补偿费3621.33元。

法律解析

本案中，由于原告李某出嫁后未将户籍迁出，又未在新居住地分得承包地。被告村民小组收回了原告李某的承包地，并未分给原告李某被征用的土地补偿费。根据《农村土地承包法》第16条、第30条的规定，承包方依法享有承包地使用、收益和土地承包经营权流转的权利，有权自主组织生产经营和处置产品；承包地被依法征收、征用、占用的，有权依法获得相应的补偿。承包期内，妇女结婚，在新居住地未取得承包地的，发包方不得收回其原承包地；妇女离婚或者丧偶，仍在原居住地生活或者不在原居住地生活但在新居住地未取得承包地的，发包方不得收回其原承包地。同时，根据《民法通则》第75条、第106条规定，法院依法判决被告返还原告李某的承包土地并给付原告李某被征用的土地补偿费，从而有效维护了原告李某的合法权益。

法条链接

《农村土地承包法》第16条、第30条，《民法通则》第75条、第106条

土地被征补偿款　父母去世不能扣

经典案例

李某系红山区某镇甲村村民。1996年1月，李某与甲村签订了土地承包合同：承包土地面积为10.5亩，承包户人口的6人分别为李某、李某的妻子、两名子女以及李某的父母，该户口粮田使用期限至2025年。2007年前后，李某父母相继去世。2012年，李某土地承包合同内的土地被政府征占，征地补偿款合计约85万元，甲村村委会为代征单位。2013年1月，李某领取了补偿款56.5万元，剩余约28.5万元被甲村村委会扣留。李某索要未果，遂以甲村村委会扣留上述补偿款为由，将其诉至法院，请求判令甲村村委会返还土地补偿款约28.5万元。

法槌定音

法院经审理认为，甲村村委会的行为违反了《农村土地承包法》的相关规定。故判决将其扣留的约28.5万元土地补偿款返还给原告李某。

法律解析

《农村土地承包法》第15条规定，家庭承包的承包方是本集体经济组织的农户。由此可见，我国农村家庭承包经营的方式是以户为单位，而不是以个人为单位，所以家庭中部分成员死亡，只要作为承包方的户还在，就应由其家庭

中的其他成员继续承包。但要说明的是，我国农村耕地的所有权归集体所有，不存在继承的问题，因此在其承包期内只能继续承包，不能继承。

本案中，李某的父母虽然去世，但李某的户内还有4名家庭成员，所以该户原来承包的耕地应由剩余成员继续承包，相应的土地征收补偿费也全部归其所有。根据《最高人民法院关于审理涉及农村土地承包纠纷案件适用法律问题的解释》第22条的规定，承包地被依法征收，承包方请求发包方给付已经收到的地上附着物和青苗的补偿费的，应予支持。故法院依法支持了原告的诉讼请求。

法条链接

《农村土地承包法》第15条，《最高人民法院关于审理涉及农村土地承包纠纷案件适用法律问题的解释》第22条

包地老人已去世　承包期内儿管理

经典案例

张老汉系某镇乙村村民。2000年3月，乙村村委会召开村民代表会议，决定将乙村所有的38亩“河滩地”承包给张老汉，承包期限为25年，承包费总计5万元，一次性交清，双方签订了承包合同。张老汉承包后，对“河滩地”进行了平整和改良，打了机电井，栽上了果树，建起了蔬菜大棚。2012年，张老汉因病去世，“河滩地”由其三个儿子继续管理耕种。2013年年底，乙村村委会以张老汉去世、承包合同终止履行为由，欲收回“河滩地”，张家三兄弟拒绝。乙村村委会遂将三兄弟告上法庭，要求停止耕种，返还土地。

法槌定音

法院经审理认为，在承包期内，其继承人可以继续承包。故依法判决驳回了原告的诉讼请求。

法律解析

《农村土地承包法》第50条规定，土地承包经营权通过招标、拍卖、公开协商等方式取得的，该承包人死亡，其应得的承包收益，依照继承法的规定继承；在承包期内，其继承人可以继续承包。这里所说的继承人可以继续承包并不等同于继承法所规定的继承。本案中，张老汉的承包方式不属于家庭承包，属于上述法律规定的其他方式承包。张老汉去世后，其应得的承包收益，可依照我国继承法的规定，由三个儿子依法继承；在承包期内，其三个儿子可以继续承包经营。故法院依法驳回了原告的诉讼请求。

法条链接

《农村土地承包法》第50条

承包地不能继承　分割协议判无效

经典案例

原告鄂某与被告伊某系继父子关系。2007年11月19日，原告妻子方某病故。次日，原告鄂某和被告伊某在亲友的主持下达成协议，将原告家庭承包的大梁地作为方某的遗产分别由原告和被告各半耕种。2008年午收后，被告耕种土地时，原告反悔。

法槌定音

法院经审理认为，村民承包的土地不属于遗产范围，原告鄂某和被告伊某把大梁地作为遗产分割的协议与法律相悖，属无效协议。2008年8月20日，法院判决被告伊某返还原告鄂某的耕地。

法律解析

《土地管理法》第8条规定，城市市区的土地属于国家所有。农村和城市郊区的土地，除由法律规定属于国家所有的以外，属于农民集体所有；宅基地和自留地、自留山，属于农民集体所有。《农村土地承包法》第2条规定，农村土地，是指农民集体所有和国家所有依法由农民集体使用的耕地、林地、草地，以及其他依法用于农业的土地。根据上述法律规定，我国农民承包的耕地，所有权属于农村集体所有，不属于遗产的范围。村民只有承包使用权，没有继承权，不能继承。

本案中，原告鄂某和被告伊某在亲友的主持下达成协议，将原告家庭承包的大梁地作为方某的遗产分别由原告和被告各半耕种的行为，违反上述法律的规定。根据《合同法》第52条第5项规定，违反法律、行政法规的强制性规定，合同无效。故法院依法判决被告伊某返还原告鄂某的耕地。

法条链接

《土地管理法》第8条，《农村土地承包法》第2条，《合同法》第52条、第58条

代耕擅转承包地　依法判决应返还

经典案例

村民刘某1995年二轮土地承包时，承包土地4.89亩，与发包方签订农村土地承包合同书，承包期限为30年。2002年，刘某与谭某签订了一份协议书，约定：刘某转让承包田4.89亩给谭某承包，承包费由谭某与队里交付，刘某不负任何责任，如谭某不承包，刘某收回承包田。2008年换发农村土地承包经营权证时，上述土地仍登记在刘某的名下。后谭某将土地转包给陈某。刘某认为自己是将土地交与谭某代耕，而非转包，因为土地承包经营权仍登记在自己的名下，且协议也未约定返还时间，所以自己随时可以要回承包土地。谭某认为自己与刘某签订的协议合法有效，属于转包，自己享有土地经营权，可以合法行使自己的土地承包经营流转权。

法槌定音

法院经查证审理认为，根据《农村土地承包法》第37条规定，土地承包

经营权采取转包、出租、互换、转让或者其他方式流转，当事人双方应当签订书面合同。采取转让方式流转的，应当经发包方同意；采取转包、出租、互换或者其他方式流转的，应当报发包方备案。刘某与谭某之间签订的协议属于土地承包经营权的转包合同，虽然未备案登记，但合同合法有效，对双方具有约束力。由于协议约定“如谭某不承包，刘某收回承包田”，谭某将土地转包给陈某时，协议条件成就，刘某有权收回土地经营权。2013 年 4 月，法院依法判决谭某将 4.89 亩土地返还给刘某。

法律解析

《合同法》第 8 条规定，依法成立的合同，对当事人具有法律约束力。当事人应当按照约定履行自己的义务，不得擅自变更或者解除合同。本案中，刘某按照《农村土地承包法》第 37 条的规定，与谭某签订的协议属于土地承包经营的转包合同，符合《合同法》的规定，合法有效。谭某擅自将其耕地转包给陈某的行为，违反了与刘某的约定，刘某有权收回土地经营权。故法院依法判决谭某将 4.89 亩土地返还给刘某。

法条链接

《农村土地承包法》第 37 条，《合同法》第 8 条

土地转包被征收　补偿应归转包人

经典案例

2000 年，苏某向某村承包了 2.5 亩土地，约定承包期限至 2015 年。2005 年 2 月，苏某将其中的 1.3 亩土地转包给叶某，叶某于 2007 年 2 月又将该 1.3 亩土地转包给汪某。其间，土地承包款一直由苏某向某村支付。

2007 年 12 月，苏某承包的这 1.3 亩土地因市政工程需要被政府征收，青苗补偿费按照 5700 元 / 亩进行补偿，由某村领取后发给了苏某。汪某遂将某村与承包人苏某告上了法院，要求某村和苏某将青苗补偿费还给自己。某村提出，被征收的土地由村里承包给苏某，苏某的转包行为没有经过村里同意，村

里与汪某没有合同关系，且土地承包款一直由苏某向村里交纳，村里将青苗补偿款发给苏某并没有违反规定。

法槌定音

法院经审理认为，按照我国《农村土地承包法》的规定，通过家庭承包取得的土地承包经营权可以依法采取转包、出租、互换、转让或者其他方式进行流转。通过转包取得土地经营权并不需要征得发包人的同意。由于汪某是讼争土地被征收时的实际经营人，青苗补偿费应当归汪某而不是原承包人苏某所有。某法院判决：苏某从某村领取的 1.3 亩土地青苗补偿费共计 7410 元应归还汪某。

法律解析

本案中，被告苏某是讼争土地的承包人，并不是实际经营人。由于原告汪某既是讼争土地的转包人，又是实际经营人，青苗补偿费应当归转包人汪某而不是归原承包人苏某所有。根据《农村土地承包法》第 32 条规定，通过家庭承包取得的土地承包经营权可以依法采取转包、出租、互换、转让或者其他方式流转。同时，根据《最高人民法院关于审理涉及农村土地承包纠纷案件适用法律问题的解释》第 22 条第 2 款的规定，承包方已将土地承包经营权以转包、出租等方式流转给第三人的，除当事人另有约定外，青苗补偿费归实际投入人所有，地上附着物补偿费归附着物所有人所有。故法院依法判决苏某从某村领取的青苗补偿费应归还汪某。

法条链接

《农村土地承包法》第 32 条，《最高人民法院关于审理涉及农村土地承包纠纷案件适用法律问题的解释》第 22 条

土地用途擅改变　承包合同被解除

经典案例

赵某系某村三组农民。1985 年 4 月 15 日，赵某与三组签订土地承包合同，

以每亩2元的低价承包三组土地53.6亩，承包期限为30年。1997年1月，赵某看到土地市场有利可图，便将承包地内的部分土地以每宗1300元不等的价格转让给胡某等3户作建房宅基地。此后几年时间里，赵某又将所承包的土地分作9宗宅基地进行转卖，收取转让费1.8万余元。为保护土地不受永久性损害，2007年2月，三组提起诉讼，请求法院解除其与赵某的土地承包合同。

法槌定音

法院经审理认为，赵某取得土地承包经营权后，未按合同约定和法律的规定合理使用土地，擅自改变土地的农业用途，给土地造成了永久性的损害，违反了土地法和土地承包法的有关规定。2007年8月22日，法院遂判决解除赵某的土地承包经营合同。

法律解析

我国《农村土地承包法》第33条第2项和第37条规定，土地承包经营权流转不得改变土地所有权的性质和土地的农业用途。本案中，被告赵某违反合同约定，擅自转让土地并改变土地用途，给土地造成永久性的伤害，违反了《土地管理法》和《农村土地承包法》的规定。故法院依法判决解除被告赵某的土地承包经营合同。

法条链接

《土地管理法》第2条，《农村土地承包法》第33条、第37条

超生违法应处理　不能强抽承包地

经典案例

1994年，某市农村土地第二轮承包时，张某（户主）分得4口人承包地，但未签订书面承包合同。1998年，张某的儿子超生。1999年6月，该村村委会根据镇有关领导的意见强行抽回了张某家庭4口人的承包地5亩多，发包给了另外5户村民，每户1亩多，未签订书面承包合同。由于张某家四口人5亩

多的承包地被抽回，造成张某一家人生活困难。张某多次向村委会反映情况，要求返还承包地。2003 年 3 月，该村委会决定将张某的承包地返还给张某，即给分得张某承包地的 5 户村民做工作，要求将土地返还给张某，其中一户将分得的土地返还给了张某，可另外 4 户拒绝返还，引起了官司。

法槌定音

一审法院认为，张某的承包经营权证虽是 2003 年补发，且没能及时给张某，这只能说明村民员委会的工作失误，张某的承包经营权自颁证之日起已经取得。张某的儿子超生，应按有关计划生育政策法规处理，村民委员会强行抽回张某的承包土地，应是单方面违约行为。村民委员会将该土地发包给另外 5 户村民，既未取得该土地的使用权，又未取得张某的承认，该合同自始无效。4 户农民应将依据上述无效合同获得的土地返还给张某。

一审宣判后，4 户农民提出上诉，二审法院认真调查了解后认为，依法登记的土地的使用权受法律保护，任何单位和个人不得侵犯。在承包期内，发包方不得收回承包地。在本案中，村委会意识到自己的错误并要求分得土地的村民将土地返还给张某时，分得土地的村民应予执行。原审判决认定事实清楚，程序合法。2005 年 3 月，二审法院依法作出了驳回上诉，维持原判的终审判决。

法律解析

村民超生，应当按照有关计划生育政策法规处理，不能因其超生而侵犯其承包土地经营的权利。本案中，张某的儿子因超生，被村委会强行抽回土地的行为，违反有关法律的规定，侵犯了张某的合法权益。根据《农村土地承包法》第 9 条规定，国家保护集体土地所有者的合法权益，保护承包方的土地承包经营权，任何组织和个人不得侵犯。故法院依法对本案作出了上述判决。

法条链接

《农村土地承包法》第 9 条

集体耕地被买卖　违反法律判无效

经典案例

为了建房，2008年3月，某市市民曾某与蔡某约定私下买卖蔡某的农村建设用地共5.04亩，转让价为40.8万元。协议达成后，曾某分三期支付定金6万元给蔡某，但是由于土地性质的限定，曾某无法办理报建批准手续，建房目的也因此不能实现，遂要求蔡某退回定金，但蔡某认为曾某交的是定金，无权要求退回，并认为应曾某要求，蔡某将土地上的建筑物及竹林砍掉，造成蔡某经济损失9万元，因此要求曾某赔偿该损失，双方协商未果下遂闹上了法庭。

法槌定音

2011年3月，法院经审理认为，由于买卖的土地属于集体所有的土地，蔡某转让集体土地的行为违反法律规定，判定涉案双方转让上述土地的行为无效，蔡某应当将收取曾某的6万元返还给曾某。对于造成协议无效，涉案双方都存在过错，损失应由双方各自承担50%的责任。通过现场勘查确认，蔡某的损失为42602.5元，由曾某赔偿21301.25元。

法律解析

《土地管理法》第2条规定，我国的土地实行全民所有制和劳动群众集体所有制。任何单位和个人不得侵占、买卖或者以其他形式非法转让土地。《农村土地承包法》第4条规定，国家依法保护农村土地承包关系的长期稳定。农村土地承包后，土地的所有权性质不变。承包地不得买卖。由此可见，公民个人对土地不得享有任何所有权，不得买卖。本案中，蔡某作为集体经济组织成员，只能享有对集体所有土地的使用权，无权转让土地与他人从事非农业建设，其行为违反了法律的规定。根据《合同法》第52条第5项规定，违反法律、行政法规的强制性规定的，合同无效。同时，根据《合同法》第58条规定，合同无效或者被撤销后，因该合同取得的财产，应当予以返还；不能返还或者没有必要返还的，应当折价补偿。有过错的一方应当赔偿对方因此所受到的损失，双方都有过错的，应当各自承担相应的责任。因买卖集体耕地，违反国家法律规定，双方均有过错，故法院依法对本案作出了上述判决。

法条链接

《土地管理法》第2条，《农村土地承包法》第4条，《合同法》第52条、第58条

土地流转价格涨　诉求加租获支持

经典案例

2002年12月9日，某镇政府与黄某签订土地租赁合同，约定：镇政府将63.2亩的集体土地租赁给黄某种植花木，租赁期限至2028年5月30日，共25年；前10年租金为每年每亩200元，后15年为每年每亩600元。合同签订后，公证处对该合同进行了公证。从第二年起，黄某实际按照每年每亩400元的标准支付土地租金。

因黄某承租地块的周边土地租金近年多次见涨，镇政府遂与黄某商谈提高租金事宜，遭到了黄某的拒绝。2012年12月28日，在合同已经履行10年后，镇政府向法院提起诉讼，要求被告按照周边土地流转价格每亩1000斤大米的市价给付租金。

法槌定音

法院经审理认为，随着近年来党和国家有关农业政策的调整变化，农民在耕种土地上的负担大量减轻，特别是2006年国家取消农业税费并实现农业补贴政策后，农民种田的积极性进一步提高，加之土地资源的稀缺，土地流转价格逐年提升，目前涉案土地周边流转费用普遍已达每亩每年800斤至1000斤大米市价。因物价上涨增幅较大，黄某种植的花木价格较十年前也有大幅度提升，其利润空间不断增大，如果继续按照原来的约定履行合同，会使黄某获得的利益明显大于合同正常履行所取得的收益，而这种收益的取得，一方面由于国家政策调整这一当事人意志以外的原因所致，另一方面花木价

格上涨也包含了地价上涨的因素，国家政策行为的变动通常不可能为当事人在签订合同时所预见。因此，如果继续按照原协议约定的价格履行对原告来说显失公平。

在双方不能协商一致的情况下，法院参照本地区土地流转费市场价格以及双方约定的承包期限、承包土地目的等情况，从 2013 年 1 月 1 日起酌情调整为每年每亩按本地区上一年度平均市价 800 斤大米结算租金。黄某不服，提起上诉。二审法院经审理认为，一审认定事实清楚，适用法律正确，应予维持，遂驳回上诉，维持原判。

法律解析

本案中，承租人黄某于 2002 年 12 月，以每年每亩 200 元的低价租赁该镇政府为期 25 年的 63.2 亩土地，租赁合同已履行了 10 年，因时过境迁，物价上涨，其周边土地流转价格一涨再涨，出租方镇政府要求承租人提高租金被拒，故诉求法院予以调整。根据《最高人民法院关于审理涉及农村土地承包纠纷案件适用法律问题的解释》第 16 条规定，因承包方不收取流转价款或者向对方支付费用的约定产生纠纷，当事人协商变更无法达成一致，且继续履行又显失公平的，人民法院可以根据发生变更的客观情况，按照公平原则处理。所谓公平原则是民事活动的一项基本原则，具有弥补、完善制定法体系之缺陷的法律功能和作用。在双方均无过错的前提下，适用公平原则处理合同纠纷有利于防止当事人滥用合同权利，维护及平衡当事人之间的利益。根据《民法通则》第 132 条的规定，当事人对造成损害都没有过错的，可根据实际情况，由当事人分担民事责任。据此，法院在双方不能协商一致的情况下，运用这一公平原则对本案作出了上述判决。

法条链接

《最高人民法院关于审理涉及农村土地承包纠纷案件适用法律问题的解释》第 16 条，《民法通则》第 132 条

承包户已不存在　村委会重新发包

经典案例

原告杨甲系甲村村民杨乙、王某夫妇的独生女，已出嫁到乙村并在该村取得了承包地。1985年杨乙去世，其妻王某由其侄子杨丙赡养至1998年去世，杨乙、王某夫妇遗留的5.8亩承包地由杨丙耕种。2006年11月，东沟乡人民政府向各村下发了该乡《〈农村土地承包合同〉签订及〈农村土地承包经营权证〉换发补发工作实施方案》，甲村委根据该实施方案，将王某遗留的承包地收回后分包给了杨丁等12户村民耕种。杨丙、杨甲二原告以被继承人死亡和其尽了赡养义务为由，要求继承杨乙夫妇遗留的承包地。

法槌定音

法院经审理认为，农村土地属集体所有，不是个人财产，没有继承权属性。2008年3月20日，法院判决驳回了杨丙、杨甲要求继承杨乙夫妇土地承包经营权的诉讼请求。

法律解析

我国《农村土地承包法》第12条第2款和第15条规定，国家所有依法由农民集体使用的农村土地，由使用该土地的农村集体经济组织、村民委员会或者村民小组发包。家庭承包的承包方是本集体经济组织的农户。只要有农户存在，即可继续承包，农户不在，即由村民委员会或村民小组重新发包。由于我国农村土地属集体所有，不是个人财产，因此不存在继承问题。本案中，王某夫妇作为承包土地的农户已经去世，其独生女已嫁到他村，并已取得了承包地，故该村根据乡政府的布置，将王某夫妇遗留的承包地收回后，分包给杨丁等12户村民耕种，是符合法律规定的。

本案提醒：农村土地所有权属于农民集体所有，不是个人财产，农户只有承包使用权，没有土地继承权。

法条链接

《农村土地承包法》第12条、第15条，《继承法》第3条

村民已经转居民　承包土地应收回

经典案例

肖某于2005年3月1日土地二轮承包时依法分得耕地6.55亩，并每年缴纳农业税等各项费用至2014年。由于肖某长期外出打工，2004年其父肖某某通过村组干部将其5.7亩耕地无偿交给吴某代耕。2012年肖某回家时才得知本户的5.7亩耕地由父亲交给吴某耕种，多次向吴某催讨无果，后经村镇多次调解无效。肖某认为，虽然吴某通过自己的父亲和村组干部获得了上述5.7亩耕地的代耕权，但双方未约定耕种期限，也未约定报酬，尤其是没有得到自己的认可，故可随时要求吴某返还被其代耕的土地。

而吴某则称：自己不是代耕，而是通过合法的程序获得了诉争土地的经营权；肖某一家在土地流转之前已经将全家户口迁往安庆市，成为城镇居民。根据法律规定，肖某已经丧失永安村村民资格，因此，依法应当将其经营的土地进行流转。另外，自己在2005年就获得了诉争土地的承包经营权，肖某2014年才提起诉讼，已经超过了诉讼时效。

经审理查明：肖某于土地二轮承包期间，家庭人口4人，依法承包了某村耕地5.7亩。2007年，肖某全家户口迁至某市，并转为城镇户口。后某村将肖某家承包的耕地5.7亩收回，并重新发包给村民组吴某。2014年下半年，土地确权开始后，肖某回家找到吴某，要求返还耕地5.7亩。

法槌定音

法院经审理认为，根据《农村土地承包法》第26条第3款规定，承包期间，承包方全家迁入设区的市，转为非农业户口的，应当将承包的耕地和草地交回发包方。承包方不交回的，发包方可以收回承包的耕地和草地。因肖某全家已不再是某村村民，丧失了继续承包该村土地的资格。某村据此将肖某土地收回，

并未违反法律规定。2015 年 4 月，法院依法判决驳回肖某要求吴某返还 5.7 亩土地的诉讼请求。

法律解析

《农村土地承包法》第 26 条规定，承包期内，发包方不得收回承包地。承包期内，承包方全家迁入小城镇落户的，应按照承包方的意愿，保留其土地承包经营权或者允许其依法进行土地承包经营权流转。承包期内，承包方全家迁入设区的市，转为非农业户口的，应当将承包的耕地和草地交回发包方。承包方不交回的，发包方可以收回承包的耕地和草地。承包期内，承包方交回承包地或者发包方依法收回承包地时，承包方对其在承包地上投入而提高土地生产能力的，有权获得相应的补偿。本案中，原告肖某全家已迁入某市，转为非农业户口，不再是该镇村的村民户，已失去了继续承包该村土地的资格，故法院依法驳回了原告的诉讼请求。

法条链接

《农村土地承包法》第 12 条、第 15 条、第 26 条

土地闲置两年多　依法收回获支持

经典案例

2004 年，某房地产开发有限公司取得某市西关街道办事处共计 182646 平方米两宗国有土地使用权，并在 2007 年办理了土地登记手续。房地产开发有限公司征用两宗土地后，一直没有按照规定的期限进行开发，闲置两年以上。2007 年 9 月 25 日，某市国土局向房地产开发有限公司出具收回国有土地使用权决定，将 182646 平方米的国有土地使用权收回，并终止国有土地使用权出让合同，撤销建设用地批准书，注销土地登记和土地证书。房地产开发有限公司不服，遂向法院提起诉讼。

法槌定音

法院经审理认为，房地产开发有限公司在征用土地满两年未动工开发，违反国家的相关规定，某市国土局作出的收回国有土地使用权的决定合法，应予支持。2010 年 12 月，法院依法驳回了房地产开发有限公司的诉讼请求，支持了国土部门依法收回开发商闲置两年未开发的土地。

法律解析

本案中，某市国土局根据《城市房地产管理法》第 26 条的规定，以出让方式取得土地使用权进行房地产开发的，必须按照土地使用权出让合同约定的土地用途、动工开发期限开发土地。超过出让合同约定的动工开发日期满一年未动工开发的，可以征收相当于土地使用权出让金百分之二十以下的土地闲置费；满二年未动工开发的，可以无偿收回土地使用权；但是，因不可抗力或者政府、政府有关部门的行为或者动工开发必需的前期工作造成动工开发迟延的除外。据此，2007 年 9 月 25 日，某市国土局依法收回了房地产开发有限公司闲置两年多的182646平方米的土地使用权。法院根据《行政诉讼法》第6条“人民法院审理行政案件，对行政行为是否合法进行审查”的规定，对本案的行政行为进行了审查，得到了法院的支持。故法院依法驳回了原告房地产开发有限公司的诉讼请求。

法条链接

《城市房地产管理法》第 26 条，《行政诉讼法》第 6 条

六、房屋买卖篇

“订金”非“定金” 双倍返还无根据

经典案例

2004年1月，市民毛某向某房地产开发公司交纳2万元订金，购买了由其开发的商品房一套。到了正式签约日期，某房地产开发公司却告知毛某，因其未及时签约，已将房屋出让给第三人，且已办理了预售登记。毛某非常生气，遂将某房地产开发公司告上法庭，要求该公司双倍返还自己的订金4万元。

法槌定音

法院经审理认为，原告毛某所持收据上并未注明为定金，因此其要求被告双倍返还订金的请求于法无据，法院不予支持。

2005年9月23日，法院判决被告某房地产开发公司于判决生效后3日内，退还原告毛某订金2万元。

法律解析

“订金”是我国民间的一种习惯叫法，不是我国《担保法》规定的担保方式。“订金”是一方当事人在合同订立时或订立之后履行之前，先交付一笔现金给对方，作为己方履行的担保。如双方依约履行，订金退还给交付方或抵作部分应付款。如交付方违约，订金不予退还；如收受方违约，应退还订金。

“定金”是我国《担保法》规定的担保方式之一，是当事人为确保合同的履行，依据法律规定或双方的约定，由一方在合同订立时或订立后履行前，按照合同标的额的一定比例（不超过20%），先给付对方的一笔担保金。《担保法》第89条规定："当事人可以约定一方向对方给付定金作为债权的担保。债务人履行债务后，定金应抵作价款或者收回。给付定金的一方不履行约定的债务的，无权要求返还定金；收受定金的一方不履行约定的债务的，应当双倍返还定金。"本案的原告毛某购买了被告公司的商品房一套，并向其交纳了2万元订金。由于被告公司没有履行双方的约定，将房屋卖给了第三人，原告毛某要求被告公司双倍返还订金。但原告毛某所持收据上并未注明为"定金"，其要求双倍返还无法律依据，故法院依法判决被告公司返还原告2万元订金。

法条链接

《担保法》第89条，《最高人民法院关于民事诉讼证据的若干规定》第2条

买卖双方无过错　购房定金应返还

经典案例

2011年12月18日，石某与成都当地一开发商签订定购书并交纳购房定金10万元，申请定购市区建筑面积10.03平方米、总价款186万余元的1层商品房，并约定在7日内即当月25日前签订《商品房买卖合同》及其附件，否则开发商可另行销售，且不退还已付定金。双方签约时，就高回报率能否写入合同内容发生严重分歧。

开发商在销房时，销售中心及销售人员也明确承诺了回报率，在宣传单上也载明了回报率，石某说，正是因为看中高回报率才预签的订购书。"我希望把宣传单上的高回报率等内容写入买卖合同中。"当石某按约定的时间去签订买卖合同，并提出上述要求时，却被售楼方坚决拒绝。

被告开发商称，在签订定购书时其对商品房买卖合同及其附件的正式文体已交石某仔细阅读，且相关文书还在售楼中心公示。石某是在充分了解其所购房屋的背景及现状后才签订的定购协议，并交纳了10万元定金。至于"高回报率"的文字说明，仅为要约邀请，故不能将楼盘广告的内容写入《商品房买卖合同》及其附件中。石某认为，双方在签订定购合同时，卖方没有按照自己宣传的、对价格有重大影响的承诺进行明确约定，被告存在欺诈行为，之后双

方无法就合同达成一致，故要求开发商退还定金，而开发商却认为按约定不予退还，遂引发纠纷。

法槌定音

法院经审理认为，双方所签定购书合法有效，而且该案中所售商铺的售价高达186万余元，显然开发商在广告宣传上的“商铺投资价值分析”，是对房屋价格的确定有重大影响的描述和允诺，因此石某要求将十年回报率的保障性问题写入《商品房买卖合同》合乎情理。之后，双方出于自身利益考虑，无法就上述问题达成一致，最终导致定购合同的目的无法实现，未能签订正式合同，故法院对石某要求解除所签定购书的主张予以支持。此外，该案中《商品房买卖合同》未能签订，双方均无过错，依照《最高人民法院关于审理商品房买卖合同纠纷案件适用法律若干问题的解释》第4条“因不可归责于当事人双方的事由，导致商品房买卖合同未能订立的，出卖人应当将定金返还买受人”之规定，开发商应将10万元定金返还原告石某。2013年3月，法院依法判决被告开发商应将10万元定金返还原告石某。

法律解析

依照《合同法》的规定，当事人可以依照《担保法》的有关规定，约定一方向对方给付定金作为债权的担保。债务人履行债务后，定金应当抵作价款或者收回。给付定金的一方不履行约定的债务的，无权要求返还定金；收受定金的一方不履行约定的债务的，应该双倍返还定金，即为“定金罚则”。最高人民法院的相关司法解释也规定，因不可归责于当事人双方的事由，导致商品房买卖合同未能订立的，出卖人应当将定金返还买受人。

该案中，涉案房屋每平方米高达18万余元，石某购买的目的显然不是居住而是为了投资，回报率肯定是其着重考虑的内容。开发商与石某之前虽已签订了定购书，但石某所看的合同文本应是开发商预先提供的格式文本，签订正式合同时双方依法可对部分内容进行必要的修订和补充。之后，原告提出将回报率的保障性问题写入《商品房买卖合同》的要求应该说是合乎情理的，双方也多次进行商谈，最终不能协商一致也未能签订合同，石某并不存在过错，而开发商也无过错，因此该案依法不适用定金罚则，开发商无须双倍返还，只需退还10万元定金即可。

法条链接

《担保法》第89条，《最高人民法院关于审理商品房买卖合同纠纷案件适用法律若干问题的解释》第4条

出卖法院查封房　房主双倍返定金

经典案例

2009年8月2日，王女士通过房产中介与谢先生签订房地产买卖协议，约定将谢先生所有的一套约74平方米的房屋转让给王女士，转让款为85万元。签订协议当日，王女士支付了定金10万元。同年9月中旬，王女士准备依约支付第二笔房款时，才得知谢先生因涉及债务纠纷，该房屋早已被法院查封，总查封标的额为61.6万元。后双方先后进行了多次协商，均因房款支付方式产生分歧而协商未果。

王女士诉称，谢先生故意隐瞒房屋被查封事实，又拒绝合理的履行方案，导致合同无法继续履行，应承担违约责任。现要求解除双方签订的买卖合同，由谢先生双倍返还购房定金及赔偿其他相关损失。谢先生辩称，同意解除买卖合同并退还王女士定金10万元。但双方因合同履行方式产生分歧而导致合同未能继续履行，自己并不存在违约行为。

法槌定音

法院经审理认为，本案双方签订的房地产买卖协议系当事人真实意思表示，未违反法律、行政法规禁止性规定，故依法确认有效，双方均应恪守。谢先生明知其房屋早已被法院查封而未告知对方，存在明显过错。而当王女士得知查封实情，并提出合理履行方式后，谢先生仍未予配合解决问题。可见，导致买卖合同无法履行的责任在于谢先生，其行为显然构成违约，理应承担违约责任，依法应当双倍返还定金。现王女士要求解除合同、双倍返还定金的诉请，

有事实和法律依据，法院予以支持。2010 年 2 月，法院判决：解除王女士与谢先生签订的房地产买卖协议；谢先生双倍返还王女士购房定金 20 万元，并赔偿王女士损失 8200 元。

法律解析

《合同法》第 107 条规定，当事人一方不履行合同义务或者履行合同义务不符合约定的，应当承担继续履行、采取补救措施或者赔偿损失等违约责任。本案中，谢先生明知其房屋早已被法院查封，却未告知王女士，而当王女士提出合理履行方式后，谢先生又不予配合，存在明显过错，理应承担违约责任。《担保法》第 89 条规定，当事人可以约定一方向对方给付定金作为债权的担保。债务人履行债务后，定金应当抵作价款或者收回。给付定金的一方不履行约定的债务的，无权要求返还定金；收受定金的一方不履行约定的债务的，应当双倍返还定金。故法院支持了王女士的诉讼请求，对本案作出了上述判决。

法条链接

《合同法》第 107 条,《担保法》第 89 条

开发商延期交房　依法支付违约金

经典案例

2006 年 3 月，陈某看中了一小区内住房一套，并与该小区的开发公司签订了一份《商品房买卖合同》，双方约定：陈某购买该公司开发的小区住房一套，房屋建筑面积为 150 平方米，总价款为 38 万余元。开发公司应当在 2007 年 9 月 28 日以前，将经过相关单位验收合格，并符合合同约定的商品房交付给买受人使用。除合同约定的特殊情况外，开发公司若未按合同约定的期限将商品房交付给陈某使用，需按日支付房价款的万分之二的违约金，直至房屋交付为止，若逾期超过 30 天，陈某有权解除合同。合同签订后，陈某支付了全部房款。但因开发公司未能按合同约定的日期交房，2007 年 11 月 20 日，陈某向该公司提出退房，要求该公司在 30 日内返还房款 38 万余元，并支付违约

金19269元。2007年12月21日，开发公司的房屋销售代理公司向陈某出具了一份书面说明，承诺办理退房手续，并退还已付房款、支付逾期交房违约金，之后双方未能履行。

2007年12月18日，该小区竣工完毕，并经验收合格。开发公司分别于2007年12月20日和2008年5月15日两次向陈某邮寄交房通知书，通知其到公司来办理交房手续，但邮政部门以“原写地址不详”为由将邮件退回。就这样直到2009年11月20日，陈某与开发公司才办理了房屋交付手续。房屋交付后，陈某认为开发公司逾期交房，不仅在生活上给其带来很大不便，而且在经济上也给其造成一定损失。其诉至法院，要求法院判令开发公司立即支付逾期交房违约金50476元（按已付购房款38万元的日万分之二，自2007年9月28日计算至2009年11月20日）。

法槌定音

法院经审理认为，双方签订的房屋买卖合同合法有效，陈某已按约支付购房款，开发公司应按合同约定的时间交付房屋。开发公司未按期交房，违反了合同的约定，应承担相应责任。另外，开发公司虽未能按约定的时间于2007年9月28日以前交付房屋，但在房屋验收合格后，其已于2007年12月20日按陈某提供的地址向其寄送交房通知书。信件虽被邮政部门退回，但可据此推定开发公司在2007年12月20日即有交付房屋的意思表示。陈某以其未按期交付房屋为由，主张解除双方之间的房屋买卖合同，是导致该房屋经竣工验收合格后双方未能及时办理交付手续的直接原因。陈某要求开发公司支付2007年9月28日至2009年11月20日的逾期交房违约金50476元，法院酌情支持6243.16元（从2007年9月28日至2007年12月18日合计81天），其余部分予以驳回。

法律解析

违约责任，是指当事人一方不履行合同义务或者履行合同义务不符合约定所应承担的民事责任。《合同法》第60条规定，当事人应当按照约定全面履行自己的义务。《合同法》第107条规定，当事人一方不履行合同义务或者履行合同义务不符合约定的，应当承担继续履行、采取补救措施或者赔偿损失等违约责任。根据上述法律规定，本案中，由于开发公司未按期交房，违反了双方的约定，应当承担民事赔偿责任。法院以开发公司验收和交付房屋的时间以及向陈某邮寄交房通知书的时间为准，按照双方约定已付购房款 38 万元的日万分之二，判决被告开发公司支付原告 81 天的违约金 6243.16 元，是既公平合理，又符合法律规定的。

法条链接

《合同法》第 60 条、第 107 条

开发商逾期办证　被判支付违约金

经典案例

廖先生于 2010 年 3 月 28 日与某开发有限公司签订了《商品房买卖合同》，购买了该楼盘 K 栋一套商品房，总房款为 26 万元。

合同约定的交房时间为 2010 年 12 月 30 日之前。合同关于产权登记事项方面约定：开发商在房屋交付使用后 90 日内，将办证所需资料报产权登记部门备案。同时，双方还签订了《合同补充条款》，约定房产证、国土证由开发商负责办理，所需费用由开发商承担，但并未约定办证期限。2011 年 5 月 4 日，廖先生接受了房屋钥匙。但此后较长一段时间，他没有拿到房产证。

直到 2012 年 12 月 18 日，开发商才为廖先生办理了房屋产权登记手续。从房屋交付使用到办理房产证，相隔近 20 个月。因此，廖先生认为开发商未在法定期限内履行办证义务，于是提起诉讼，请求法院判决开发商为此支付违约金。

法槌定音

2013 年，一审法院经审理认为，虽然双方的合同没有约定办理房产证期限，但《最高人民法院关于审理商品房买卖合同纠纷案件适用法律若干问题的解释》第 18 条规定：由于出卖人的原因，买受人在下列期限届满未能取得房屋权属证书的，除当事人有特殊约定外，出卖人应当承担违约责任：……（二）商品房买卖合同的标的物为尚未建成房屋的，自房屋交付使用之日起90日……所以，开发商应承担逾期办理房产证的违约责任。

因廖先生不能证明开发商逾期办证给其造成的具体经济损失数额，故一审酌情核定违约金为5200元。据此，一审判决开发商支付违约金5200元。宣判后，双方均提起上诉。

开发商上诉称“行政部门不作为”是造成逾期办证的原因。对此，法院认为：开发商未能提供充分证据证明，其在房屋交付使用后90日内，将办理权属登记须由其提供的资料，报相关部门备案，故其提出的理由不能成立。2014年4月，二审法院终审判决驳回上诉，维持原判。

法律解析

房子住上了，却迟迟拿不到房产证，开发商推迟办理房产证的现象时有发生，严重地侵犯了业主的利益。有的开发商不愿按合同约定同业主协商解决问题，动不动就让你起诉，搞得业主们十分无奈，最后也只能拿起法律的武器，来维护自己的合法权益。本案中，由于开发商从房屋交付使用到办理房产证，相隔近20个月，廖先生认为开发商未在法定期限内履行办证义务，便请求法院判决开发商支付违约金，得到了法院的支持。本案的事实告诉我们，在依法治国的大好形势下，只要依法办事，敢于拿起法律的武器维护自己的合法权益，都会得到人民法院的支持。

法条链接

《最高人民法院关于审理商品房买卖合同纠纷案件适用法律若干问题的解释》第18条，《最高人民法院关于民事诉讼证据的若干规定》第2条

商品房高层缩水　八年后获得赔偿

经典案例

2003年5月28日，王女士与某房地产开发有限公司签订商品房买卖合同，

购买了一套房屋，合同约定房屋层高3.5米，建筑面积177.18平方米，总价306万余元。王女士支付了全部购房款。2011年10月，王女士得知其他业主将开发商诉至法院，法院判决确定三层裙楼层高短缺。至此，王女士才知道自己的房屋层高“缩水”一事，故起诉至法院。

房地产开发公司称，王女士以层高不够要求赔偿损失没有法律和合同依据。另外，王女士在涉案商品房中已经居住近10年，如果房屋层高不够，其早就知道或者应当知道，故现在起诉已经超过了诉讼时效和买卖合同的异议期。案件审理中，法院委托专业测绘机构进行了鉴定，经鉴定，涉案房屋层高为3.33米。

法槌定音

法院经审理认为，涉案房屋层高低于合同约定，致房屋可使用空间减少，可利用高度降低，使用环境变差，损害了王女士的利益，房地产开发公司应承担赔偿责任。法院同时认为，诉讼时效期间从知道或者应当知道权利被侵害时起算，故王女士提起诉讼未超过诉讼时效。2014年9月，法院认定开发商违约，案件未超过诉讼时效，判决开发商赔偿王女士22.77万元。

法律解析

本案中，王女士购房8年后得知自己的房屋层高“缩水”，空间减少，违反了当初与开发商签订的合同约定。根据《合同法》第107条的规定，当事人一方不履行合同义务或者履行合同义务不符合约定的，应当承担继续履行、采取补救措施或者赔偿损失等违约责任。同时，根据《民法通则》第137条的规定，诉讼时效期间从知道或者应当知道权利被侵害时起计算。法院认定开发商违约，案件未超过诉讼时效，故判决开发商赔偿王女士22.77万元。

法条链接

《合同法》第107条，《民法通则》第137条

出售房屋不迁户　违反约定应赔偿

经典案例

2012年5月，李某与陈某、房产中介公司签订一份《房产买卖居间协议书》，约定陈某将一套商品房出售给李某，房产成交价为57万元，且陈某承诺于2012年8月30日前将落户于房产内的原有户口全部迁出，否则每逾期一日按房款总额的万分之五为标准支付李某赔偿金。合同签订后，李某依约履行了合同，但陈某并未按时将户口迁出。各方协商不成，李某遂以陈某为被告、房产中介公司为第三人向法院提起诉讼，请求判令陈某将位于讼争房产内的户口全部迁出并支付违约金16.7万余元。

庭审中，陈某辩称：协议约定若陈某户口迁出时未能挂靠派出所、居委会、街道办，导致协议不能履行时，违约责任应由中介方承担；且陈某在签订合同之后也多次到居委会等处咨询集体户挂靠问题，均未能成功挂靠，但无证据证明系政策原因导致陈某无法挂靠户口，陈某同意在条件允许的情况下迁出户口，不同意支付李某违约金。房产中介公司辩称，协议中关于户口未能迁出的约定条款与中介方无关，中介方无须承担违约责任。

法槌定音

法院经审理认为，出卖方违约，应当承担赔偿责任。经法官调解，最终各方自愿达成协议，陈某于2014年4月将户口全部从讼争房产内迁出，并一次性补偿李某3万元。

法律解析

根据《合同法》第60条规定，当事人应当按照约定全面履行自己的义务。当事人应当遵循诚实信用原则，根据合同的性质、目的和交易习惯履行通知、协助、保密等义务。房产交易过程中双方约定了户口迁移事项，属于合同附随义务，出卖人应当根据合同履行配合迁出户口的义务。同时，根据《合同法》第107条规定，当事人一方不履行合同义务或者履行合同义务不符合约定的，应当承担继续履行、采取补救措施或者赔偿损失等违约责任。二手房交易中，出卖人违约，未按时迁移户口，应当承担赔偿损失等违约责任。

本案提醒：在购买学区房或外地人买房时，应先向公安机关详细咨询户口迁移、挂靠所需条件、流程，避免纠纷的发生。

法条链接

《合同法》第 60 条、第 107 条

卖房虽然未过户　后悔退款法不容

经典案例

陈某拥有门面房一间，一直租给张某经营。由于陈某年事已高，各方面需要用钱的地方很多，2005 年，陈某打算将该门面房出卖，张某听说后立即向陈某表示自己愿意购买，两人一拍即合，签订了房屋买卖合同。双方约定门面房归张某所有，房屋价格为 40 万元，陈某收到购房款后即把房屋交付给张某，并将房屋的相关产权证交予张某，协助张某办理过户手续。合同订立后，张某按照约定支付了 40 万元，陈某出具了收条，并把房屋的相关产权证明交给了张某，张某便占有了该门面房，其后张某找陈某办理过户，都由于种种原因而未果，张某也未在意，认为自己占有了房屋并且手中有房产证就行了，还省了过户费用，故双方一直未办理过户手续。

然而令张某没有想到的是，2011 年，陈某将门面房赠予孙子陈某某，并且办理了公证。陈某某拿着公证书向张某主张门面房的产权，张某这才意识到办理过户手续的重要性，遂起诉至法院，要求陈某立即协助其办理门面房的过户手续。庭审中，陈某认为该房产未经登记，故房屋买卖合同无效，即使法院判决合同有效，张某也只是享有债权请求权，陈某作为所有权人有权决定不再出卖，收回房屋，返还房款，故请求驳回张某的诉讼请求。

法槌定音

法院经审理认为，根据《物权法》的规定，不动产物权的转让经依法登记发生法律效力，未经登记不发生法律效力，但该规定并非出卖人可以毁约的依据。本案的房屋买卖虽然未经登记，张某未取得门面房的物权，但未办理物权登记，不影响合同的效力，陈某与张某的房屋买卖合同合法有效，陈某应当履行合同的义务，故判决陈某于判决生效后10日内协助张某办理门面房的过户登记手续。

法律解析

《物权法》第9条规定，不动产物权的设立、变更、转让和消灭，经依法登记，发生效力；未经登记，不发生效力，但法律另有规定的除外。由此可见，我国不动产的权属是以登记为准，以不动产权属证书为依据，缺一不可。同时，《物权法》第15条规定，当事人之间订立有关设立、变更、转让和消灭不动产物权的合同，除法律另有规定或者合同另有约定外，自合同成立时生效；未办理物权登记的，不影响合同效力。本案中，陈某出卖的门面房虽然未过户，但是陈某与张某签订的门面房买卖合同系双方真实的意思表示，且张某已支付了购房款，陈某也将房屋及相关的产权证书交付给张某，因此该合同合法有效。故法院依法判决陈某限期协助张某办理该门面房的过户登记手续。

法条链接

《物权法》第9条、第15条

隐瞒房里死了人　买卖合同被撤销

经典案例

2013年6月，李女士因为房子小，就花480万元买了季先生一套大房子，并办理了房屋权属变更登记。在买房过程中，李女士多次向中介询问季先生房屋是否有瑕疵，对方均称没有。同年9月，在对新买的房子进行了装修后，李女士和儿子一家搬进了新房。搬进去没多久，有小区居民就问李女士为什么会买那套房子，并告诉她房子里5月份刚死过人，这是套“凶宅”。得知此情况，李女士赶紧通过中介公司向原来的房主求证，但对方就是不承认。李女士跑到附近的派出所去求证，根据派出所的出警记录，李女士终于确定房子里确实死过人。李女士感觉自己受到了欺骗，要求和卖房者撤销合同，但对方不同意。无奈之下，李女士将对方告到了法院，请求法院判令撤销双方签订的房屋买卖合同。

法槌定音

法院经审理认为，一方以欺诈胁迫的手段或者乘人之危，使对方在违背真实意思的情况下订立的合同，受损方有权请求人民法院或者仲裁机构变更或者撤销。本案中，李女士与季先生签订合同买卖前一个月，涉案房屋内曾发生非正常死亡事件，该事件属于影响合同订立和履行的重大事项，季先生应当主动披露，因其未主动披露，违背了诚实信用原则，对李女士构成欺诈。故判决李女士与季先生撤销合同。

法律解析

《合同法》第6条规定，当事人行使权利、履行义务应当遵循诚实信用原则。本案中，被告季先生隐瞒瑕疵，且出售“凶宅”的行为违背了诚实信用的原则，对李女士构成欺诈。根据《合同法》第54条第2款规定，一方以欺诈、胁迫的手段或者乘人之危，使对方在违背真实意思的情况下订立的合同，受损害方有权请求人民法院或者仲裁机构变更或者撤销。故法院依法判决撤销了李女士与季先生签订的房屋买卖合同。

法条链接

《合同法》第6条、第54条

售房没有房产证　买卖合同判无效

经典案例

李某夫妻在自家的宅基地上建起了两上两下房屋。2007年年底，来自外地的张某夫妇在和李某夫妇协商后，签订了房屋出售协议，约定李某将自家的二层楼房卖给张某，房款12.4万元，合同签订时首付4万元，余款于2008

年3月30日前付清。同时，双方约定，若张某在合同期内不愿购买李某房屋，则首付款4万元不退还。合同签订后，张某先后支付了4万元和5000元。

合同签好了，首付款也付了，张某希望通过买房行为，能够将自己和妻子的户口转移到李某家的户口关系上，并尽快把房产过户。但是，由于李某的房屋本身没有房产证，而且当地户口管理把控严格，耽搁了将近3年时间，张某发现房屋过户无望，自己也不能迁移户口，于是和李某产生争议，买房的余款迟迟未付。2011年，李某房屋所在的地块面临政府征用拆迁，张某觉得自己买不成房，应该拿回已经付了的首付款，于是向法院起诉，请求确认双方签订合同无效，要求李某返还房款并赔偿利息损失12049元。

李某认可张某支付了45000元，但认为张某未在约定的期限内付齐款项，构成违约，而且过了3年时间才起诉，已经超过诉讼时效。

法槌定音

法院经审理认定，双方买卖房屋的土地所有权属集体性质，李某并未取得该房屋土地使用权，房屋也未取得所有权证。李某无权处分房屋，双方签订合同的行为违反了《城市房地产管理法》第38条“未依法登记领取权属证书的房地产不得转让”的禁止性规定。因此，双方所签订的《房屋出售协议书》无效。同时，无效合同并不受诉讼时效的约束。2011年8月，法院判决双方签订的《房屋出售协议书》无效，李某返还张某购房款4.5万元。因张某本身也有一定过错，故不支持其主张利息损失。

法律解析

本案中，李某夫妻住在市区农村，在自家的宅基地上建起房屋，未进行房屋权属登记和取得房屋权属证书，便与张某签订了房屋买卖合同，其行为违反了法律规定，所签合同无效。根据《城市房地产管理法》第38条第6项规定，未依法登记领取权属证书的房地产，不得转让。同时，根据《合同法》第52条第5项规定，违反法律、行政法规的强制性规定的，合同无效。故法院依法判决李某与张某双方签订的《房屋出售协议书》无效，李某返还张某购房款4.5万元。

本案提醒购房者，没有依法办理房屋权属登记和取得房屋权属证书的，不能购买，以免给自己带来不必要的烦恼和损失。

法条链接

《城市房地产管理法》第 38 条，《合同法》第 52 条、第 58 条

城镇居民购农房　拆迁仅退购房款

经典案例

2008 年 4 月，城镇居民曹某与李某（2008 年 8 月去世）协商以 8 万元的价格购买其私房一栋。因李某年事已高，遂由其三个儿子代为签订了《购房协议》，曹某陆续支付了购房款共计 6.5 万元给李某的三个儿子。2008 年 6 月，曹某将房屋的两间猪栏及一间厕所改建成一个猪场，并在房屋周围修建了围墙、水泥路、水塔等。2012 年 11 月，该房屋及新建猪场被政府拆迁，拆迁补偿款共计 881817.57 元。其中私房拆迁款为 487679.5 元，猪场、围墙等拆迁款共计 394138.07 元。曹某获得了除私房拆迁款外的其他补偿款。因私房拆迁款的分配问题，曹某将李某的三个儿子诉至法院。

法槌定音

法院经审理认为，曹某与李某三个儿子所签订的《购房协议》违反了土地管理的相关法律法规，属于无效合同。根据《合同法》的相关规定，合同无效，因该合同取得的财产，应当予以返还。有过错的一方应当赔偿对方因此所受到的损失，双方都有过错的，应当各自承担相应的责任。曹某已获得猪场、围墙等拆迁款 39 万余元，并不存在经济损失。法院判决，私房拆迁款归李某的三个儿子所有，仅退还曹某当初购房时的购房款 6.5 万元。

法律解析

《土地管理法》第 8 条规定，宅基地和自留地、自留山，属于农民集体所有。其第 2 条规定，任何单位和个人不得侵占、买卖或者以其他形式非法转让

土地。《国务院关于深化改革严格土地管理的决定》第10条规定，改革和完善宅基地审批制度，加强农村宅基地管理，禁止城镇居民在农村购置宅基地。根据上述法律规定，本案中，曹某与李某三个儿子所签的《购房协议》违反了法律的强制性规定，属于无效合同。根据《合同法》第52条第5项规定，违反法律、行政法规的强制性规定的，合同无效。同时，根据《合同法》第58条，合同无效，有过错的一方应当赔偿对方因此所受到的损失，双方都有过错的，应当各自承担相应的责任。故法院依法对本案作出了上述判决。

本案提醒，农村住房和宅基地，城镇居民不能买！

法条链接

《土地管理法》第2条、第8条，《国务院关于深化改革严格土地管理的决定》第10条，《合同法》第52条、第58条

私下买卖经适房　违反规定判返还

经典案例

王某与李某同为某厂职工，系师徒关系。2005年年初，厂里按照职工的工龄等资历排队，为职工购买经济适用房。王某因资历浅，遂与师傅李某商量，由李某出面替王某申请经济适用房，两人为此签订房屋转让协议：李某将申请到的经济适用房转让给王某，王某一次性补偿李某6000元，房屋使用权和所有权归王某所有；李某无条件协助王某办理房屋转让等事宜。事后，李某通过厂里购得一套经济适用房，交给王某占有和使用。两年后，李某去世。2008年5月，李某的妻子陈某将王某告上法庭，要求王某归还上述房产。案件审理中，王某出示了上述协议，提出反诉，要求陈某协助办理房产过户手续。

法槌定音

法院经审理认为，李某在未依法取得涉案房产权属证书的情况下与王某签订房屋转让协议，其行为不但损害了其他符合购房条件人的购买权和社会公共

利益，违反了法律的强制性规定，而且李某从事上述行为时也没有征得作为共有人的妻子陈某的同意，因此涉案房屋交易行为属于无效民事行为，法院不予支持。2008 年 8 月，法院宣判这起房产权属纠纷案件，并最终以涉案私下交易经济适用房的行为违反了国家的强制性规定为由，判决被告向原告返还房产。

法律解析

经济适用住房是国家为保障特定人群的居住权而提供的政策性商品房，国家对该类房屋的上市交易有特殊的规定和限制。本案中，王某与李某私下买卖经济适用房的行为，违反了国家强制性规定，根据《合同法》第 52 条第 5 项规定，违反法律、行政法规的强制性规定的，合同无效。故法院依法判决被告向原告返还房产。

法条链接

《合同法》第 52 条、第 58 条

无法支付购房款　解除协议并赔钱

经典案例

2011 年 5 月底，赵某得知张先生有一套二手房对外出售，经过协商，赵某与张先生口头约定，张先生的房屋以 25.4 万元的价格卖给赵某。赵某在对房子进行装修后便开始入住。2012 年 2 月 26 日，双方补签了书面售房协议。赵某在协议签订前后共支付给张先生房款 5.4 万元。余下房款，经张先生多次催要，赵某均以各种理由推托不给，张先生遂将房屋锁上，再将赵某告到法院。

法槌定音

法院经审理认为，被告赵某违反合同约定，应当承担相应违约责任，并赔偿经济损失。法官通过多次上门沟通协调，提出合理的意见和建议，使双方当事人心服口服，最终和解。2012 年 10 月 31 日，法院开庭审理此案，经调解，双方解除购房协议，张先生退还2.6万元购房款。

法律解析

《合同法》第107条规定，当事人一方不履行合同义务或者履行合同义务不符合约定的，应当承担继续履行、采取补救措施或者赔偿损失等违约责任。本案中，因赵某无法支付购房款，双方解除购房协议。故根据《合同法》的规定，赵某一方违约应当承担相应的违约责任，并赔偿经济损失。

法条链接

《合同法》第107条

夫妻单方售房产　善意取得应保护

经典案例

2004年4月，陈甲将其一套住房以33960元的价格转卖给陈乙，并将房屋证交付给陈乙自行办理房屋产权过户手续，但因陈乙长期外出务工而未办理。2009年2月，陈乙又将该住房以87796元的价格转让给胡某，并将原陈甲房屋证交给胡某自行办理房屋产权登记手续。后当胡某办理房屋转让手续要求陈甲、陈乙配合时，陈甲却以住房系夫妻双方共有财产，其未经妻子同意私自转让给他人无效为由予以拒绝。

法槌定音

法院经审理认为，被告陈甲与陈乙签订房屋转让协议时，陈乙按照时价支付了价款，并实际占有了房屋并取得了房屋证，足以让陈乙认为转让房屋的行为系陈甲夫妻的共同意思表示，属于善意取得，应受法律保护。因此，陈甲负有协助陈乙办理房屋过户手续的义务；后陈乙与胡某签订的房屋转让协议系双方当事人的真实意思表示，亦应受法律保护，陈乙同样负有协助胡某办理房屋过户手续的义务。2010年1月19日，法院作出判决，限令被告陈甲在10日内协助胡某办理房屋过户手续。

法律解析

《最高人民法院关于贯彻执行〈中华人民共和国民法通则〉若干问题的意见（试行）》第 89 条规定，在共同共有关系存续期间，部分共有人擅自处分共有财产的，一般认定无效。但第三人善意、有偿取得该财产的，应当维护第三人的合法权益，对其他共有人的损失，由擅自处分共有财产的人赔偿。本案中，法院经过审理认定，陈甲将一套住房转让给陈乙，陈乙又将该套住房转让给胡某，均是真实的意思表示，陈乙和胡某也是善意的取得，故均应受法律保护。

法条链接

《最高人民法院关于贯彻执行〈中华人民共和国民法通则〉若干问题的意见（试行）》第 89 条，《物权法》第 106 条

房产新政难预见　购房合同可解除

经典案例

2010 年 4 月 12 日，已有两套房的张先生与房主宋女士签下合同，购买其位于北京市海淀区的一套房屋，房屋成交总价为 555 万元，张先生计划贷款 200 万元购买。第二天，他向宋女士支付了 15 万元定金。但就在张先生办理贷款过程中，被称为“新国十条”的《北京市人民政府贯彻落实国务院关于坚决遏制部分城市房价过快上涨文件的通知》于 4 月 30 日出台，提高了第二套住房贷款首付款比例，并暂停发放第三套住房贷款。张先生因为无法得到银行贷款，起诉到法院要求解除与宋女士的房屋买卖合同，并要求对方退还定金。

庭审中，宋女士表示，两人签订的合同真实有效，而且合同当中已经约定，如果买房人贷款未获批准或批准贷款数额不足，则应补足购房首付款。因此，其不应受“新国十条”中关于住房贷款的限制，应按合同执行。

法槌定音

法院经审理认为，如果合同签订后政策发生变化，导致合同履行方式无法实现或对一方当事人明显不公平的，属于合同情势变更，一方可以要求法院依法解除合同。“新国十条”属于“无法预见”的重大变化。2010年7月，法院判决解除张先生购买第三套房的合同，宋女士须返还15万元购房定金。

法律解析

不可抗力，是指人们不能预见、即使能够预见也无力避免或阻止的客观情况。《合同法》第94条和第117条规定，“因不可抗力致使不能实现合同目的，当事人可以解除合同”，“本法所称不可抗力，是指不能预见、不能避免并不能克服的客观情况”。本案中，张先生与宋女士签好房屋合同买卖后，购房政策发生了变化，因“新国十条”属于“不可预见”的重大变化，故法院依法解除了张先生与宋女士所签的房屋买卖合同，并令宋女士返还购房定金。

法条链接

《合同法》第94条、第117条

未成年人签合同　购房协议属无效

经典案例

2004年5月20日，黄某的儿子黄某某（1987年1月8日出生）用黄某的身份证并以其名义，与一家置业有限公司签订了一份楼房认购书，并交纳了5000元购房定金。黄某发现儿子的上述行为未经自己授权，认为其不具备签订购房协议资格，遂要求与该公司解除合同。后双方协商未果，黄某一纸诉状将该公司告上法庭。

法槌定音

法院经审理认为，黄某提交的证据能够证明其子黄某某在与上述公司签订购房协议时未满 18 周岁，系限制民事行为能力人，故黄某某与该公司签订购房协议的行为属无效行为，所签订的购房合同也属无效合同。依据《合同法》的有关规定，无效合同没有法律约束力，由该合同取得的财产，应当予以返还。2006 年 3 月 20 日，法院判决该购房协议无效，该公司在本判决生效后 10 日内须返还定金 5000 元。

法律解析

《民法通则》第 11 条、第 12 条规定，18 周岁以上的公民是成年人，具有完全民事行为能力，可以独立进行民事活动，是完全民事行为能力人。10 周岁以上的未成年人是限制民事行为能力人，可以进行与他的年龄、智力相适应的民事活动；其他民事活动由他的法定代理人代理，或者征得他的法定代理人的同意。本案中的黄某某在与该公司签订购房协议时未满 18 周岁，系限制民事行为能力人，根据《合同法》第 47 条规定，限制行为能力人订立的合同，经法定代理人追认后，该合同有效。而该案的黄某某与公司签订购房协议后，并没有经过其父亲黄某的追认，故其所签订的购房合同属无效合同。同时，根据《合同法》第 58 条规定，合同无效或者被撤销后，因该合同取得的财产，应当予以返还。故法院判决该购房协议无效，并责令该公司限期返还定金 5000 元。

法条链接

《合同法》第 47 条、第 58 条，《民法通则》第 11 条、第 12 条

精神病人卖房屋　所签合同判无效

经典案例

2009 年 7 月，王某在患病期间独自到某中介公司将自己所有的房屋出售给被告于某，并于当天签订房屋转让合同，收取于某房屋定金 1.5 万元。王某的父亲在 3 天后得知原告出售房屋事宜，立即告知某中介公司王某患有精神病，要求解除签订的合同，并请求中介公司转告于某。但于某一直拒绝与王某的父

亲见面。无奈之下，王某将于某告上法庭。

法槌定音

法院经审理认为，2008 年 5 月，原告王某出现精神异常，并于 2009 年 5 月和 11 月两次入院治疗。经鉴定，王某患精神分裂症。根据王某母亲的诉请，2010 年 1 月，法院判决认定原告为限制民事行为能力人，原告父亲为其监护人。原、被告和第三人某中介公司在签订房屋转让合同时未征得原告法定代理人的同意，签订该合同之后也未取得原告法定代理人的追认，故该合同应属无效。原告要求确认上述房屋转让合同无效的诉讼请求，符合法律规定，法院予以支持。2010 年 7 月，法院对此案作出判决，确认房屋转让合同无效，原告退还被告给付的 1.5 万元定金。

法律解析

《民法通则》第 13 条规定，不能辨认自己行为的精神病人是无民事行为能力人，由他的法定代理人代理民事活动。不能完全辨认自己行为的精神病人是限制民事行为能力人，可以进行与他的精神健康状况相适应的民事活动；其他民事活动由他的法定代理人代理，或征得他的法定代理人的同意。《合同法》第 47 条规定，限制民事行为能力人订立的合同，经法定代理人追认后，该合同有效。本案中，原告王某患精神分裂症，不能完全辨认自己的行为，系限制民事行为能力人，签订该合同后也未取得原告法定代理人的追认，故该合同应属无效。根据《合同法》第 58 条的规定，合同无效或被撤销后，因该合同取得的财产，应当予以返还。故法院依法判决房屋转让合同无效，原告王某退还被告于某购房定金 1.5 万元。

法条链接

《合同法》第 47 条、第 58 条，《民法通则》第 13 条

七、房屋装修篇

业主装修不守约　被判恢复其原状

经典案例

2003 年 12 月，业主唐某、张某、许某先后从某房地产开发有限公司购买了商品房，并签订了《商品房买卖合同》。该合同约定：买受人使用房屋期间不得擅自改变商品房的建筑主体结构、承重结构和用途。买受人违规使用所购房造成的一切质量事故及经济损失，均由买受人承担。2004 年 1 月，开发商交付房屋后，三位业主即根据自己的喜好进行装修，对主体结构进行改造，开发商劝阻无效后将三位业主告上了法庭。

法槌定音

法院经审理认为，三被告违反合同约定，应采取补救措施，并承担所有费用。法院判决三位业主采取补救措施，委托有资质单位作出恢复原结构的设计，并按设计施工，同时承担设计、施工费用。

法律解析

本案中，原、被告双方明确约定，买受人使用房屋期间不得擅自改变商品房的建筑主体结构、承重结构和用途，而三位业主却违反合同约定，擅自对房屋主体结构进行改造。根据《合同法》第 107 条规定，当事人一方不履行合同义务或者履行合同义务不符合约定的，应当承担继续履行、采取补救措施或者赔偿损失等违约责任。故法院依法对本案作出了上述判决。

本案提醒：房屋的主体结构和承重结构是不能擅自改造的。否则，不仅会影响房屋的质量，减少房屋的使用年限，更重要的是埋下了发生事故的隐患，直接关系着业主们的人身和财产安全。

法条链接

《合同法》第107条

装修拖延百余天　每天赔偿五十元

经典案例

2005年年初，马先生买了一套新居要装修，他选择了一家家装公司。在企业从事多年清欠工作的马先生法律意识较强，故要求与对方签订书面合同。经协商，双方于2005年3月签订了合同，对装修进度、付款期限、违约责任等作了约定。随后，马先生按合同约定付了首付款，家装公司却未依约安排工人施工，在马先生的催促下，家装公司终于施工了，却干干停停，频频换人，待装修竣工，已是2005年10月8日，距合同的约定日期推迟了122天，马先生一气之下，将装修公司告上了法庭。

法槌定音

法院经审理认为，双方签订的合同系双方真实意思表示，为有效合同，双方约定，延误交付一天支付50元违约金，现承包方逾期竣工122天，应按约定支付违约金。2006年1月，法院判决，被告装修公司因拖延工期被判赔偿马先生6100元。

法律解析

本案中，原、被告双方签订的合同系双方真实意思表示，为有效合同。根据《合同法》第8条的规定，依法成立的合同，对当事人有法律约束力。当事人应当按照约定履行自己的义务，不得擅自变更或解除合同。依法成立的合同，受法律保护。故法院依法判决被告装修公司应按双方约定，延误交付一天支付50元违约金的标准予以赔偿。

法条链接

《合同法》第 8 条、第 107 条

新房装后空气差　装饰公司应赔偿

经典案例

2004 年 12 月，市民许先生和某装饰公司签订了一份室内装饰装修合同。2005 年 2 月 6 日，工程基本完工，许先生支付装饰公司工程款 28800 元。后安徽省产品质量监督检验所的检测报告显示，许先生房屋空气甲醛浓度、氨浓度、苯浓度、TVOC 浓度等均严重超标。双方签订的合同规定：装饰公司提供的材料要达到环保标准，室内环境污染、控制要达到国家要求标准。另外，任何一方违约均须支付违约金，并赔偿对方损失。

法槌定音

法院经审理认为，该合同是双方真实意思表示，合法有效。2006 年 1 月 6 日，法院作出判决：装饰公司对许先生住宅空气质量进行治理，以达到环保要求；因装饰工程中存在的桌面、柜体等质量问题，减少价款 3000 元；同时，装饰公司支付合同违约金 8000 元。

法律解析

本案中，该装饰公司为许先生装修的房屋，不仅空气质量指标不合格，且装饰的桌面、柜体等也存在不同程度的质量问题，违反了双方当事人的合同约定。根据《合同法》第 111 条规定，质量不符合约定的，应当按照当事人的约定承担违约责任。对违约责任没有约定或者约定不明确，依照本法第六十一条的规定仍不能确定的，受害方根据标的的性质以及损失的大小，可以合理选择要求对方承担修理、更换、重作、退货、减少价款或者报酬等违约责任。故法院依法对本案作出了上述判决。

法条链接

《合同法》第111条

房屋质量有问题　检测应交检测费

经典案例

2005年1月，上海市杨浦区苏女士不久前预购了一套房屋，并和房产商有过约定。当苏女士将该房屋装修后，发现该房天花板、阳台、次卧窗台下有细小裂缝。为此，苏女士多次找房产商要求解决问题，可是双方一直未能达成解决方案。此后，苏女士就将房产商告上了法院。在法庭上，双方在房屋裂缝的形成原因上各执一词，苏女士向法院提出申请，要求对裂缝问题委托有关机构进行检测，可是提出申请后，苏女士却不愿意预交检测费。

法槌定音

法院认为，因苏女士不预交鉴定费，所以她提出的裂缝问题已严重影响她居住安全的主张，法院不能采信。最终，法院判决：驳回苏女士的诉讼请求，案件受理费1771元由苏女士负担。

法律解析

本案中，苏女士发现自己购买的房屋装修后存在质量问题，委托有关机构进行检测，但却不愿预交检测费。根据《最高人民法院关于民事诉讼证据的若干规定》第25条第2款规定，对需要鉴定的事项负有举证责任的当事人，在人民法院指定的期限内无正当理由不提出鉴定申请或者不预交鉴定费用或者拒不提供相关材料，致使对案件争议的事实无法通过鉴定结论予以认定的，应当对该事实承担举证不能的法律后果。故法院依法驳回了原告的诉讼请求，并判决支付案件受理费1771元。

法条链接

《最高人民法院关于民事诉讼证据的若干规定》第25条

八、房屋租赁篇

未按约定签合同　诉返定金被驳回

经典案例

2014年4月22日，原告龚某欲租赁被告吴某的门面经营网吧，双方达成如下口头协议：龚某承租吴某的4间门面房，租赁期限3年；年租金为第1年60000元，第2年、第3年均为70000元；龚某于当日向吴某交付定金30000元；其他事宜于2014年5月协商确定。双方还商定于当年5月签订书面租赁合同。协议达成后龚某于当日向吴某交付定金30000元，吴某出具了收据。此后，龚某因需办理网吧经营过户手续，以及为门面内结构是否适合改造等问题，一直未与吴某签订书面合同，而吴某也未将门面交付给原告。

同年6月底，龚某将吴某约到某茶楼进行协商，提出解除承租门面的约定，并要求吴某退还部分定金。吴某当即予以拒绝。2014年8月，吴某因龚某既不与其签订合同，也不进行门面装修，便开始对门面内不合理结构进行改造，并对外墙进行简单装修。龚某遂以吴某擅自装修门面为由，向法院提起诉讼，要求吴某双倍返还定金。

法槌定音

法院经审理认为，原告龚某交付给被告吴某的30000元定金属于立约定金，即为保证正式订立合同而交付的定金，根据《最高人民法院关于适用〈中华人民共和国担保法〉若干问题的解释》第115条规定，当事人约定以交付定金作为订立主合同担保的，给付定金的一方拒绝订立主合同的，无权要求返还定金；收受定金的一方拒绝订立主合同的，应当双倍返还定金。

原告一直以办理网吧经营过户手续及租赁门面装修的特殊性为由不主动与被告签订书面房屋租赁合同，已构成违约。因此，对其要求被告双倍返还定金的诉讼请求法院不予支持。2015 年 8 月，法院判决驳回原告的诉讼请求。

法律解析

本案中，原告龚某欲租赁被告吴某的门面房，并支付 3 万元作为正式订立合同的定金，但却不按双方约定的时间与被告签订书面合同，反而以办理网吧过户手续等为由，要求被告吴某双倍返还定金。故法院根据《最高人民法院关于适用〈中华人民共和国担保法〉若干问题的解释》第 115 条规定，依法驳回了原告的诉讼请求。

法条链接

《最高人民法院关于适用〈中华人民共和国担保法〉若干问题的解释》第 115 条

口头约定租整年　半途退租应返还

经典案例

小李和小朱是比较要好的朋友。年前，小朱提出要租赁小李的一间商铺，双方商谈后，约定年后租给小朱，租期一年，租金 18 万元。谈妥后，小李将房子钥匙交给了小朱，小朱也将一年租金打到了小李的卡上。因为两人关系不错，谁也没想到签书面合同。

本以为事情已告一段落，岂料过完年没多久，小朱却提出对房子不满意不想租了。然而此时已过了商铺租赁的黄金时间，原先有租赁意向的都已寻好合适的商铺，市场价格也有所回落，故小李不同意退款。商量未果，小朱一纸诉状将小李告到了法院，要求小李返还预付的全年租金 18 万元。小李觉得委屈万分，认为双方存在口头租赁关系，且已实际履行，小朱无端提出不租没有道理，故坚决不同意退款。

法槌定音

法院经审理认为，订立合同要注意采用法律规定的形式。虽然我国法律承认口头合同，但同时规定，“法律、行政法规规定采用书面形式的，应当采用书面形式”。根据《合同法》第215条的规定，租赁期限6个月以上的，应当采用书面形式。当事人未采用书面形式的，视为不定期租赁。可见，本案中，小李和小朱尽管订立了一年的口头租赁合同，但在法律上却被认为是不定期租赁。考虑到双方是比较要好的朋友，承办法官在阐明相关法律规定的基础上努力化解双方的矛盾，最终达成了小李向小朱返还15万元租金的调解协议。

法律解析

对于不定期租赁，《合同法》第232条规定，当事人可以随时解除合同，但出租人解除合同应当在合理期限之前通知承租人。本案中，从情理角度讲，小朱承诺后却又反悔，行为不妥；然而就法律规定而言，小朱有权随时解除合同，合同解除则小李应返还相应租金。故本案提醒，欲签订6个月以上租赁合同的，切记采取书面形式，以免造成损失。

法条链接

《合同法》第215条、第232条

租赁期间卖房屋　买卖合同判无效

经典案例

原告黄某从1997年起向被告邵某夫妇租用其一栋房屋开店，平时一家人生活起居均在店内，双方合同约定租期至2007年7月10日。2004年7月，被告邵某夫妇在中介公司的促成下与被告唐某夫妇签订售房协议。2005年2月25日，购房者取得房屋所有权证，在办理过户手续时，为避税向房管部门提供的价格为7万元，而实际成交价为16.3万元。

2007年7月10日，黄某以邵某出售房屋时未告知自己为由向法院提起诉讼，要求确认邵某出卖其所租房屋的行为无效，并按 7 万元将该房屋卖给原告。被告邵某夫妇辩称，原告知道房屋出售的事实，且房屋的出售价格是实际成交价加上租赁合同期满的租金收益总计 18.8 万元。被告唐某夫妇辩称，被告方买卖房屋时曾多次告知原告，在得到了原告明确表示放弃购买的意思表示后，被告方之间才签订了转让协议并进行登记。原告的诉讼请求超过了合同法规定的时效。两被告均请求驳回原告的诉讼请求。

法槌定音

法院经审理认为，房屋租赁期间内，原房屋租赁合同继续有效。2008 年 3 月，法院经审理作出判决：邵某夫妇与唐某夫妇所签订的房屋买卖合同无效；驳回黄某要求按邵某夫妇与唐某夫妇签订买卖合同约定的条件购买该房屋的请求。

法律解析

本案中，由于原告黄某与被告邵某夫妇双方合同约定租期未到，被告便将其出租的房屋进行买卖。根据《商品房屋租赁管理办法》第 12 条第 1 款规定，房屋租赁期间内，因赠与、析产、继承或者买卖转让房屋的，原房屋租赁合同继续有效。同时，根据《合同法》第 229 条规定，租赁物在租赁期间发生所有权变动的，不影响租赁合同的效力。故法院依法对本案作出了上述判决。

法条链接

《商品房屋租赁管理办法》第 12 条，《合同法》第 229 条

只要合同有约定　租赁期内可买卖

经典案例

李某在某镇有房屋两间，面积为 20.84 平方米。2005 年 7 月 22 日，王某因经营需要租用该房屋，双方签订了房屋租赁合同，约定每年租金 4000 元，租赁期限到 2006 年 7 月 1 日止。合同约定："租赁期内若有人购买该房，承租

方可优先购买，如不购买，出租方可向他人售出，承租方即刻让出该房。”8月20日，郝某向李某提出要购买此房，李某随即通知王某优先购买。9月5日，李某与郝某签订了售房协议书，并约定：9月20日交房，逾期不能交房，迟交一天，李某付给郝某违约金100元。郝某于签订合同时按约定交付首期购房款12万元。但当李某通知王某搬出时，遭其拒绝。9月15日，李某用特快专递的方式，书面通知王某仍可优先购买房屋，或自2005年9月18日起3天内搬出该房，解除双方租赁合同，并办理租金结算等事宜。由于王某仍是既不购买也不腾出房屋，李某遂提起诉讼，请求法院判令王某立即搬出房屋。

法槌定音

法院经审理认为，原、被告双方签订的房屋租赁合同，是双方意思的真实表示，合法有效，双方应当按合同约定全面履行合同义务。故法院判决：王某于判决生效后3日内搬出李某的两间房屋；双方租赁合同解除后，李某应按王某实际使用房屋日期收取租金，余款退还王某。

法律解析

本案中，李某出售房屋时履行了事先通知义务，并将该房售予他人后，依照约定，双方租赁合同即告解除，所以李某要求王某即刻让出房屋的请求，应当予以支持。房屋租赁合同虽为李某拟定，但王某对所有合同条款的内容应当了解其含义，知其后果。虽然合同约定与《合同法》第229条“买卖不破租赁”的法律规定有抵触，但此条规定并不属于强制性法律规定，原、被告双方可以作出与之相反的约定。这种民事法律行为符合公平、自愿的民法原则，属于有效约定，故被告王某关于此约定应属无效的主张，法院不予支持。故法院对本案作出了上述判决。

法条链接

《合同法》第60条、第229条

不按租房合同办　擅自转让判无效

经典案例

2002年8月，尤女士将自己的两间店面和一个车库租赁给夏先生经营百货，双方约定租金为每月7560元，租期为2002年8月至2007年8月。并约定：租赁期内，如租房人因故不能继续经营，须提前一个月通知出租方。2006年3月，夏先生在没有通知尤女士的情况下，将店面及车库以月租金5200元的价格转租给吴先生。2006年8月，尤女士向法院提起诉讼，要求解除房屋租赁合同并由夏先生承担违约责任。

法槌定音

法院经审理认为，被告违反合同约定，其擅自转租行为无效。2007年2月，法院作出终审判决：解除租赁合同，租房人夏先生将店面和车库退还给出租人尤女士，并支付拖欠房租和违约金共计8万元。

法律解析

本案中，被告夏先生违反合同约定，在没有经过尤女士同意的情况下，擅自将承租房屋转租给他人。根据《商品房屋租赁管理办法》第11条的规定，承租人转租房屋的，应当经出租人书面同意。承租人未经出租人书面同意转租的，出租人可以解除租赁合同，收回房屋并要求承租人赔偿损失。故法院依法判决解除租赁合同，承租人夏先生返还店面和车库给出租人尤女士，并支付拖欠房租和违约金。

法条链接

《商品房屋租赁管理办法》第11条

修路耽误做生意　诉减房租被驳回

经典案例

某路段自2014年9月10日起开始实施人防工程建设，政府对该路段行车道及部分人行道实施交通管制。2015 年 7 月 12 日，道路恢复正常通行。道路封闭期间，处于交通管制范围内的商铺经营者李某认为，受封闭施工影响，车辆不通，人流减少，导致其经营的某商城基本处于半歇业状态。故根据“情势变更原则”，请求某百货公司免除其人防工程建设期间的租金。因磋商未果，李某于 2015 年 5 月 12 日诉至法院。

法槌定音

法院经审理认为，本案中，原、被告签订的房屋租赁合同合法有效，对当事人具有拘束力，不得随意变更。人防工程建设是政府为公共利益而实施的行为，虽导致原告李某租赁房屋所处路段道路封闭 10 个月，对原告经营的某商城存在不利影响，但对于原、被告约定的 7 年租赁期限而言，时间相对短暂，且部分人行道并未完全封闭，现施工路段已全面恢复通行，从时间和性质上看，道路封闭对原告经营的影响不足以达到履行合同显失公平或不能实现合同目的的程度。原告主张道路封闭施工期间某商城经营严重亏损，亦未提交充分证据予以证明，应承担举证不能的不利后果。因此，原告的诉讼请求没有事实及法律依据。2015 年 8 月，法院依法判决驳回原告李某的诉讼请求。

法律解析

《最高人民法院关于适用〈中华人民共和国合同法〉若干问题的解释（二）》第 26 条规定，继续履行合同对于一方当事人明显不公平或者不能实现合同目的，当事人请求人民法院变更或者解除合同的，人民法院应当根据公平原则，并结合案件的实际情况确定是否变更或者解除。根据上述法律规定，本案中，虽然人防工程施工封闭此路段道路 10 个月时间，但相对原、被告约定的 7 年租赁期限而言，时间相对较短，影响不足以达到履行合同显失公平或不能实现合同目的的程度。而且原告又没有证据证明其施工封闭道路期间，对该商城经营造成严重亏损的主张。根据《最高人民法院关于民事诉讼证据的若干规定》第 2 条第 2 款规定，没有证据或者证据不足以证明当事人的事实主张的，由负有举证责任的当事人承担不利后果。故法院依法驳回了原告的诉讼请求。

法条链接

《最高人民法院关于适用〈中华人民共和国合同法〉若干问题的解释（二）》第26条，《最高人民法院关于民事诉讼证据的若干规定》第2条

租房屋卖淫嫖娼　丧失优先承租权

经典案例

1999年1月，某村委会与村民张某和谭某签订房屋租赁合同，约定房屋租赁5年，届满后，两村民有优先承租权。两村民用此房屋开办了歌舞厅，进行经营活动。2000年8月，该歌舞厅里因有卖淫、嫖娼活动而被公安机关处以警告处罚和5000元罚款。2004年1月，租赁合同期满，村委会打算与其他公司签订房屋租赁合同，而两村民主张优先承租权，并一直占有、使用房屋。2004年2月，村委会将这两名村民告上法庭。

法槌定音

法院经审理认为，两被告在房屋租赁期间从事非法活动，原告已经有权终止合同，两被告不再享有优先承租权，故判决两被告搬出房屋。2004年5月10日，法院判决驳回了被告所主张的优先承租权。

法律解析

卖淫、嫖娼是我国法律所明令禁止的非法活动。本案中，两被告在房屋租赁期间，违反法律规定，改变房屋使用性质，从事卖淫、嫖娼活动。根据《商品房屋租赁管理办法》第6条第4项规定，卖淫、嫖娼活动是法律、法规规定禁止出租的情形，故法院依法判决两被告搬出房屋。

法条链接

《商品房屋租赁管理办法》第6条

九、物业管理篇

电梯停运伤业主　物业公司应赔偿

经典案例

2012 年 3 月 17 日，原告乘坐的电梯突然停止运行，原告被困在电梯内。后发现电梯门虚掩，将电梯门扒开后，原告从电梯内跌落到第 7 层地面致伤。后经核实，电梯停止的位置距第 7 层地面 1.15 米。原告受伤后在医院住院治疗 48 天，请求法院判令小区开发商、物业公司以及电力分公司三被告赔偿其各项经济损失共计 66786.60 元。

另查明，电梯停止运行是因为停电，该小区所处线路 2012 年 3 月 17 日 9 时 30 分至 16 时 00 分停电，该停电信息在该地电视台于 3 月 14 日、15 日、16 日播出 3 天。

法槌定音

法院经审理认为，物业公司对小区的公用电梯进行管理，应对小区业主正常使用公用电梯负有安全保障义务，因物业公司没有尽到安全保障义务，致使已经通知了停电时间而电梯在运行中因停电突然停止运行，原告被困在电梯内，扒开电梯门后跌落到第 7 层地面，导致多处受伤，造成较大经济损失，物业公司应承担补充赔偿责任（实际经济损失的 30%）。被告开发商，因其已将电梯交由物业公司管理，不应承担赔偿责任。被告电力分公司因设备检修停电已提前在电视台发出停电公告，已尽到义务，不应承担赔偿责任。2012 年 7 月，法院依法判决物业公司赔偿原告各项经济损失人民币 15211 元，开发商和电力分公司则不承担赔偿责任。

法律解析

《侵权责任法》第37条规定，宾馆、商场、银行、车站、娱乐场所等公共场所的管理人或者群众性活动的组织者，未尽到安全保障义务，造成他人损害的，应当承担侵权责任。本案中，因物业公司对小区的公用电梯进行管理时没有尽到安全保障义务，导致原告多处受伤，造成较大经济损失，故应当依法承担相应的补充赔偿责任。

法条链接

《最高人民法院关于审理人身损害赔偿案件适用法律若干问题的解释》第6条，《侵权责任法》第16条、第37条

女士下班被尾随　电梯遭害物业赔

经典案例

2006年5月5日晚，上海刘先生的女儿下班回家时，犯罪行为人毛某尾随其至家门口，刘先生女儿进入电梯后，被毛某抢劫并杀害。不久，犯罪行为人被执行死刑。2007年6月，刘先生向法院起诉所在物业，认为被告在物业管理服务中，包含保安服务，而被告竟然没有持上岗证的保安。犯罪行为人进入小区时，小区门卫不在岗。所以导致自己女儿的被害，与被告未尽保安服务义务和责任存在一定关系。故向被告主张10万元的补充赔偿责任。

庭审中，物业公司辩称：根据合同约定，被告收取每户每月3元的保安费，职责为24小时值班，实际是门卫而非保安。故被告不应承担赔偿责任。

法槌定音

法院经审理认为，根据物业管理合同中约定的服务要求，可以认定保安实际由社区志愿者作为门卫进行24小时值班，而非指由正规保安人员进行保安服务。犯罪行为人毛某进入小区、作案后逃离时，值班人员未有察觉。另根据毛某所作进入小区时门卫无人的陈述，可以认定被告未做到24小时在岗值班。

刘先生女儿的被害与被告的疏于防范具有一定关系，被告对此存在一定的过失。2007 年 7 月，法院判决小区物业公司承担 3 万元的补充赔偿责任。

法律解析

女士作为社会的弱者，往往是犯罪行为人的主要袭击对象，一不小心就会遭到抢劫、性侵甚至有被杀害的可能。本案中，刘先生的女儿下班回家时，犯罪行为人毛某便尾随其后，在进入电梯后，其遭到毛某抢劫并杀害。由于该小区门卫未能做到 24 小时在岗值班，自犯罪行为人毛某进入小区至其作案后逃离时，值班人员均未能发现，因此刘先生的女儿被害与被告的疏于防范存在一定因果关系。根据《最高人民法院关于审理人身损害赔偿案件适用法律若干问题的解释》第 6 条第 2 款规定，因第三人侵权导致损害结果发生的，由实施侵权行为的第三人承担赔偿责任。安全保障义务人有过错的，应当在其能够防止或者制止损害的范围内承担相应的补偿赔偿责任。因被告物业公司存在一定过错，故法院依法判决其承担 3 万元的补充赔偿责任。

法条链接

《民法通则》第 119 条，《最高人民法院关于审理人身损害赔偿案件适用法律若干问题的解释》第 6 条

楼道遗留乳胶漆　致人伤残物业赔

经典案例

保姆彭某受某妇幼保健院母婴服务中心指派，为居住在某小区的业主提供母婴家政服务。彭某在提供服务期间，于 2013 年 5 月 27 日下午 4 时左右，同该业主家人带着婴儿外出洗澡。当彭某行走至该楼房的车库楼梯间时，由于踩到附在楼梯踏步上的白色液体胶而滑倒受伤。当日，彭某被送至医院。经诊断为内外踝骨骨折，住院治疗 29 天。出院后，经司法鉴定中心鉴定，原告伤残程度为九级伤残。

彭某认为其受伤是由于某物业公司在从事物业管理服务中疏于管理，怠于

清洁楼梯障碍物所造成的，该公司应对自己所受到的损害承担相应的赔偿责任。为此，彭某要求物业公司予以赔偿。物业公司认为：彭某的伤是其不小心踩在乳胶漆上而滑倒的，与该公司没有任何关系；该公司已经尽到相应的安全保障义务；事发地乳胶漆系另一业主所遗留。因此，彭某自己应对此事故负全部责任。彭某在与物业公司多次协商未果的情形下，向法院提起诉讼，请求物业公司赔偿其医疗费、法医鉴定费、护理费、住院伙食补助费、误工费、残疾赔偿金、精神损害抚慰金等各项损害赔偿费共计 127243.31 元。

法槌定音

法院经审理认为，公民的健康权受法律保护。侵害人因过错造成他人人身损害的，应承担赔偿责任，受害人亦有过错的，可减轻侵害人的赔偿责任。彭某系完全民事行为能力人，其在下楼梯的过程中未尽到相应的注意义务，而导致摔伤，故彭某自己应对该事故承担主要责任。物业公司作为物业管理人，虽然每天都定期对该楼道进行清理，但在楼道遗留有白色乳胶漆时，未及时对该楼道进行清理，亦未完全尽到合理限度范围内的安全保障义务，应对该事故承担次要责任。故法院酌定物业公司对该事故承担 10% 的责任。

经法院核定，此次事故共造成彭某损失 124236.31 元，而物业公司按照 10% 的比例承担责任。2014 年 9 月，法院判决：物业公司赔偿彭某医疗费、法医鉴定费、护理费、住院伙食补助费、误工费、残疾赔偿金、精神损害抚慰金等各项损失 12423.63 元。

法律解析

讲究卫生，人人有责。本案中，物业公司作为小区物业的管理者，应当及时清理楼道，以保持卫生清洁，让行人安全通行。但因物业公司疏于管理，导致保姆彭某踩到楼道遗留的乳胶漆滑倒致残，物业公司应当对此承担相应的赔偿责任。故法院根据《民法通则》和《侵权责任法》的相关规定，依法对本案作出了上述判决。从法院判决物业公司对此次事故仅承担 10% 的次要责任可以看出，讲究卫生不仅物业公司有责，小区居民及装修工人等也都有维护公共卫生的义务。如果大家都来关心和维护小区的公共卫生，及时将楼道里遗留的乳胶漆清理干净，保姆彭某摔伤的事故就不会发生。

法条链接

《民法通则》第98条,《侵权责任法》第6条、第16条、第22条、第26条、第37条

电动挡车器伤人　物业过错应赔偿

经典案例

2012年9月1日，刘先生驾驶摩托车至某小区探望母亲，该小区东门设置了电动挡车器。到达小区门口时，刘先生前方有一辆小汽车正通过小区大门，见电动挡车器的栏杆抬起，刘先生就紧跟着过去。意外就在这时发生了，只听“哎哟”一声，刘先生的下颌部被落下的栏杆砸伤。因在赔偿问题上未能与小区的物业公司达成一致，刘先生便诉至法院。

庭审中，刘先生认为，小区的电动挡车器栏杆设置不当，且当值门卫操作不合理，不顾及正在驶入的车辆，突然快速放下栏杆，才致使其受伤。但物业公司却不同意刘先生的说辞。他们认为，栏杆的显著位置张贴了“一车一挡”、“刷卡出入”等字样的警示牌，刘先生无通行卡，未戴安全头盔骑行摩托车而紧跟小汽车后闯关进入，才造成事故，因此物业公司无须承担赔偿责任。

法槌定音

法院经审理认为，物业公司作为小区的管理人，应当知晓电动挡车器的工作原理，其对小区的设施设备未尽到谨慎的管理义务，且未能举证证明自己不存在过错，故应当对刘先生的损失承担赔偿责任。同时，刘先生作为完全民事行为能力人，在未确定电动挡车器栏杆状态的情况下紧跟前车通行，未对自身安全尽到注意义务，亦应承担相应的责任。故法院酌情确定物业公司和刘先生分别承担70%和30%的责任。2013年11月，法院依法判决物业公司赔偿刘先生各项损失4000余元。

法律解析

《侵权责任法》第37条规定，宾馆、商场、银行、车站、娱乐场所等公共场所的管理人或者群众性活动的组织者，未尽到安全保障义务，造成他人损害的，应当承担侵权责任。本案中，物业公司的管理人员对其小区的电动挡车器未尽到谨慎的管理义务，也未能举证证明自己不存在过错。根据《侵权责任法》第6条规定，根据法律规定推定行为人有过错，行为人不能证明自己没有过错的，应当承担侵权责任。本案中的原告刘先生未对自身尽到注意义务，也存在一定过错。根据《侵权责任法》第26条规定，被侵权人对损害的发生也有过错的，可以减轻侵权人的责任。故法院依法酌情对本案作出了上述判决。

法条链接

《侵权责任法》第6条、第16条、第26条、第37条

小区窨井盖损坏　业主跌伤物业赔

经典案例

2013年4月的一个晚上，徐某在小区内擦洗车辆时，因窨井盖损坏不稳固，不慎跌入窨井致使其5根肋骨骨折。徐某认为，物业服务公司对小区的安全重视不够，没有对已出现的安全隐患及时排除或采取设置警示标识、防护栏等必要防范措施，导致自己跌入窨井而受伤，物业服务公司应承担赔偿责任。遂一纸诉状将该物业服务公司诉至法院。

法槌定音

法院经审理认为，被告在明知窨井盖有安全隐患的情况下，并未及时维修，也未尽到相应的管理义务，存在明显的过错和管理瑕疵。根据《物业管理条例》相关规定，物业服务企业应当按照物业服务合同的约定，提供相应的服务。物业服务企业未能履行物业服务合同的约定，导致业主人身、财产安全受到损害的，应当依法承担相应的法律责任。2013年12月，法院判决小区的物业服务

公司赔偿徐某医疗费等各项费用4600余元。

法律解析

《侵权责任法》第91条规定，在公共场所或者道路上挖坑、修缮安装地下设施等，没有设置明显标志和采取安全措施造成他人损害的，施工人应当承担侵权责任。窨井等地下设施造成他人损害，管理人不能证明尽到管理职责的，应当承担侵权责任。在马路、街道、学校、小区等场所，因窨井盖损坏和缺失导致行人伤亡的事故屡屡发生，不计其数，已成为威胁人们生命安全的一大隐患。希望通过业主徐某被损坏的窨井盖致伤的案例，能够引起各级领导和管理人员的高度重视，不断清除窨井盖损坏和缺失的隐患，确保人民群众的人身和财产安全。

法条链接

《物业管理条例》第36条,《侵权责任法》第16条、第91条

高楼玻璃砸居民　物业被判担全责

经典案例

2012年8月8日的上海为台风天气，吕女士刚出门就被高空飞来的玻璃砸中，当场死亡。事发后警方发现，该大楼公共部位固定玻璃的油灰老化严重，玻璃存在缺失、损坏现象，认定坠落的玻璃来源于该大楼公用部位存在高度盖然性。死者家属将该楼物业管理公司告上法院。

法槌定音

法院经审理认为，被告未能事先消除玻璃坠落之安全隐患，理应承担全部赔偿责任。2013年6月，法院判决被告赔偿死者家属80万余元。

法律解析

《侵权责任法》第85条规定，建筑物、构筑物或者其他设施及其搁置物、

悬挂物发生脱落、坠落造成他人损害，所有人、管理人或者使用人不能证明自己没有过错的，应当承担侵权责任。本案中，由于该大楼公共部位固定玻璃的油灰严重老化的安全隐患没有消除，遇到大风天气而导致玻璃被吹落，造成了吕女士当场死亡的严重后果，故被告物业公司理应承担全部责任。

法条链接

《侵权责任法》第 16 条、第 85 条

业主小区被打伤　物业公司应担责

经典案例

64 岁的杨女士是北京某小区业主，2002 年 12 月 23 日下午 5 时许，杨女士在小区内一条市政道路上行走时，突然遭人殴打，经法医鉴定为轻微伤（偏重）。杨女士认为，当时在场的小区物业保安员未进行阻拦和救助，违反物业合同的保安义务，未尽到维护小区公共秩序的管理责任，故请求法院判令该物业承担相应责任。物业公司认为，杨女士被殴打地点处于市政规划道路，不在物业管理区域范围内，物业公司对此道路没有管理职责。

法槌定音

法院经审理认为，根据杨女士交费以及给该公司提供服务的事实，可以确定两者间存在物业管理服务合同关系。杨女士遭殴打的区域在性质上属于社会道路，虽由开发商或物业公司代为管理，但不在物业合同范围内，物业公司在该道路上并无合同约定的保安服务义务。因此，杨女士无权要求物业公司承担违约赔偿责任。

法院同时认为，保安不仅负有保障约定范围内业主人身、财产安全的义务，还负有维护小区秩序和治安环境的职责。物业公司在保安范围之外的其能够发现并控制侵害的合理区域内，仍负有一定的对业主的安全保障义务。保安在发现杨女士遭受不法侵害时，既未尽力防止或控制侵害，亦未积极救助，违反了相应的安全保障义务，依据《最高人民法院关于审理人身损害赔偿案件适用法律若干问

题的解释》第6条规定，物业公司应对杨女士所受损失承担一定的补充赔偿责任，此项补充赔偿责任应以物业能够防止或制止损害的范围为限。2005年12月，法院判令该小区物业公司赔偿业主损失1000元。

法律解析

本案中，物业公司虽然在道路上并无合同约定的保安服务义务，但物业公司在保安范围之外的其能够发现并控制侵害的合理区域内，仍有一定的对业主安全保障义务，因此该保安在发现杨女士遭受不法侵害时，不积极救助的行为是错误的。根据《最高人民法院关于审理人身损害赔偿案件适用法律若干问题的解释》第6条第2款规定，安全保障义务人有过错的，应当在其能够防止或者制止损害的范围内承担相应的补充赔偿责任。故法院依法判令该小区物业公司赔偿业主杨女士损失费1000元。

法条链接

《最高人民法院关于审理人身损害赔偿案件适用法律若干问题的解释》第6条

罪犯进入业主家　抢劫杀人物业赔

经典案例

2001年4月15日，两名罪犯携带尖刀等凶器，来到某小区，以检修煤气管道为名，进入关某夫妇家进行抢劫，并把他们的儿子杀害。因罪犯进入小区时该楼值班保安员没有盘查，且小区的磁卡机、闭路电视、可视对讲系统损坏，致使罪犯可以轻易进入小区作案。悲痛欲绝的关某夫妇将物业公司告上法庭。

法槌定音

2003年7月，法院经审理认为，本案中的物业部门与犯罪分子已构成无意思联络的共同侵权，应承担相应侵权及违约责任。故判决物业公司赔偿被害人亲属16万余元。

法律解析

保安的服务内容是负责小区规划红线内、业主门户以外的公共维护和公共财产的看管，发生治安案件、刑事案件、交通事故时，应及时报警，并配合公安部门进行处理。保安费不是财产保险，也不是人身保险。物业管理公司的保安工作不是保镖，也不是保管工作。如果履行了保安义务仍无法阻止损害结果发生的，提供保安义务的一方不应承担民事责任。本案的损害后果责任本应由犯罪分子承担，但因罪犯进入小区时该值班保安一是没有履职盘查，二是小区的磁卡机、闭路电视、可视对讲系统损坏，致使罪犯可以轻易进入小区作案，已构成无意思联络的共同侵权。根据《民法通则》第106条规定，公民、法人由于过错侵害国家的、集体的财产，侵害他人财产、人身的，应当承担民事责任。故物业公司应当承担相应的民事赔偿责任。

法条链接

《民法通则》第106条、第119条，《侵权责任法》第6条

业主财物被盗窃　物业无错不担责

经典案例

2013年8月，杨女士外出回家后，发现家里被小偷撬窗入室盗窃，遂向派出所报案。杨女士经自行清点，失窃的财物包括现金、金银首饰、电子产品、名贵烟酒等，价值合计近9万元。杨女士说，自己对房屋的所有门窗都加装了防盗设施，每次外出也认真锁好所有门窗，已尽到了居家的所有安全防范工作。她表示，入住以来，自己一直自觉遵守业主公约，按时缴纳物业管理费，但小区物管公司承诺的24小时巡查和固定岗位值班的管理制度形同虚设。杨女士认为物管公司应赔偿其全部被盗损失。

物管公司称物管不应承担赔偿责任的理由为：（1）物管公司已履行物业管理合同的义务，在合同义务范围内无过错行为；（2）物业管理合同并没有约定业主的财产损失由物管公司进行赔偿，物管公司对业主的财产不具有保管的

义务；（3）根据《物业管理条例》的规定，物管公司对物业管理区内的安全防范工作起协助作用，并不是防范工作的主体，且物管公司实行了 24 小时巡逻、配备摄像头等行为，已尽到合同约定的义务；（4）本案涉及刑事案件，但犯罪分子并没有抓获，案件没有侦破，由此杨女士主张的损失没有事实和法律依据。

法槌定音

法院经审理认为，杨女士和物管公司之间成立物业服务合同关系，物管公司应履行保安职责，负责物业服务区域内的日常安全防范，负有一定的保安注意义务，并实施必要的正常防范性安全保卫活动。

本案中，物管公司的举证可初步证明其在出入人员登记、保安值岗、电子监控等小区保安措施方面有所举措，尽到了一定的注意义务。而杨女士提交的证据未能充分证明物管公司对其遭受的损失存在重大过错，且其据以提起本次诉讼的刑事案件仍处于公安机关侦查阶段，其所主张的损失及责任认定未经法律程序确认，故杨女士的诉讼请求缺乏事实和法律依据，法院不予支持。2014 年 4 月，法院对此案作出判决，认为物管公司可证明其在保安设施方面有所举措，故驳回了业主杨女士的诉讼请求。

法律解析

《物业管理条例》第 35 条规定，物业服务企业应当按照物业服务合同的约定，提供相应的服务。物业服务企业未能履行物业服务合同的约定，导致业主人身、财产安全受到损害的，应当依法承担相应的法律责任。由此可见，物业公司接受业主的委托，为业主提供管理服务，物业公司究竟提供什么样的服务由业主和物业公司签订的物业服务合同来约定。物业服务企业应该履行物业服务合同，为业主提供符合合同约定的管理服务，否则就要承担违约责任。如果双方在合同中没有负责业主的财产安全防范义务，那么业主家中被盗，物业公司不需要承担责任。

本案中，物管公司已经按照双方约定，尽到了一定的安保注意义务，杨女士未能充分举证证明物管公司对其遭受的损失存在重大过错，且该案件仍处于公安机关侦查阶段，杨女士所主张的损失及责任认定未经法律程序确认，故法院依法判决驳回了杨女士的诉讼请求。

法条链接

《民法通则》第106条,《物业管理条例》第35条,《最高人民法院关于民事诉讼证据的若干规定》第2条

业主车辆被盗窃　物业未尽责赔偿

经典案例

孙女士与其丈夫居住在海沧小区，该小区的物业公司规定，小区内住户车辆刷卡进出，并需向物业公司缴纳车辆管理费。同时，为了便于管理，物业公司保安岗亭设于小区车辆的唯一进出口旁。

2012年9月，孙女士买了一辆家用轿车，停放于小区内，如约向物业公司缴纳了管理费。2015年2月11日，孙女士的车辆不翼而飞，她立即报了警。后经调查发现，失窃当天凌晨，小区车辆唯一出口处的栏杆没有放下，且当班保安正在睡觉。孙女士与物业公司协商处理赔偿事宜未果后，双方对簿公堂。物业公司主张，对于孙女士的损失，物业公司不应该承担赔偿责任。

法槌定音

法院经审理认为，物业公司有义务依照法律规定及物业合同约定做好小区的安全防范工作。事发当时，小区车辆唯一进出大门处的栏杆完全敞开，车辆进出没有任何盘问、登记和查验。物业公司未尽到一般的注意义务，连基本的安全防范措施都未采取，属于安全防范缺失，应当对因其过错导致孙女士财产损害承担相应的赔偿责任。最终，法院判决物业公司按车辆评估价值21.2万元赔偿给孙女士。

法律解析

物业公司对小区进行安全管理，一是要尽到安全防范义务，即执行门卫值班制度和保安巡逻制度，检查进出小区的车辆及维护停放秩序；二是要做好辅

助性处理义务，即及时制止妨害小区公共安全秩序的行为，并向有关行政管理部门报告。如果物业公司未完成上述义务，当业主的人身或财产受到损害时，就应当在相应范围内承担法律责任。本案中，孙女士的家用轿车被盗时，物业公司未按照合同约定，做好小区的安全防范工作，其存在过错。根据《物业管理条例》第35条规定，物业服务企业应当按照物业服务合同的约定，提供相应的服务。物业服务企业未能履行物业服务合同约定，导致业主人身、财产受到损害的，应当依法承担相应的法律责任。故法院依法判决物业公司按车辆评估价值21.2万元赔偿给孙女士。

法条链接

《物业管理条例》第35条

公共排污管堵塞　物业有错应担责

经典案例

2009年5月24日，吕女士向某置业有限责任公司购得一套位于2楼的住宅。2010年11月30日，吕女士在房屋交付后，与某物业公司签订物业管理服务协议，并于2011年年底入住新房。该协议第2条规定，物业管理服务内容包括房屋公用设施设备（含上下水管道）及其运行的维护和管理。2013年9月，外出多日的吕女士打开家门后，发现装修才一年多的房屋内污垢遍地，臭气熏天。物业公司排查后，确认系地漏堵住一楼排水管，致使污水回流到家中。经鉴定房屋装修受水浸泡后的损失价值为53350元。多次索赔无果后，吕女士一纸诉状将房地产开发公司和物业公司一并告上法庭。

房地产开发公司辩称，案涉事故系因本单元业主使用不当或其他人为因素造成，请求驳回原告的诉讼请求。物业公司辩称，涉案事故的发生是楼上住户装修不当或原告装修不当造成的，应由楼上住户或原告本人承担责任，且污水管在业主房屋内，不属于物业服务合同规定范围内的公用部位，无法维护也不属于其维护范围。

法槌定音

法院经一审认为，侵害物权造成权利人损害的，权利人可以请求损害赔偿。被告房地产开发公司所交付的房屋公用设施中存在隐蔽瑕疵造成他人受损，应当承担侵权责任。被告物业公司作为物业管理服务提供方，未能维护、管理好涉案下水管道，对损失亦应承担责任。综合考虑本案可能存在业主不当使用、原告家中长期无人等损害发生、扩大的因素，确定两被告各承担 40% 的赔偿责任，各赔偿原告 21540 元。

一审判决后，两被告均不服，提起上诉。二审审理过程中，房地产开发公司向法庭提交了通球试验记录等相关证据，以证明 2010 年 8 月 2 日该公司在案涉房屋交付前进行过通球试验，16 根管道均顺利通球，检验结果为合格，从而辩称污水管堵塞与其无关。

二审法院经审理认为，本案中的房地产开发公司在交付涉案房屋前对排污管道进行了通球试验，并顺利通过验收，且涉案房屋自交付后至事发时已正常使用多时，这表明房屋交付时排污管道内遗留有地漏的可能性很小，故一审法院认定污水外溢系房屋隐蔽瑕疵所致缺乏依据，应予以纠正。吕女士未能提供其他证据证明房地产开发公司具有过错，故房地产开发公司不承担赔偿责任。一审法院酌定物业管理公司在本案中承担 40% 的赔偿责任并无不当，原告吕女士可就其余损失向实际侵权人另行主张。2015 年 4 月，二审法院终审判决：被告物业公司未尽管理义务，承担 40% 赔偿责任，赔偿原告 21540 元，驳回原告对房地产开发公司的诉讼请求。

法律解析

本案中，由于该物业公司未能按照《物业管理服务协议》的约定，对公共排污管道及时予以维护管理，导致污水管道堵塞，给原告造成了一定的财产损失，存在过错。根据《物权法》第 37 条规定，侵害物权，造成权利人损害的，权利人可以请求损害赔偿，也可以请求承担其他民事责任。同时，根据《物业管理条例》第 35 条规定，物业服务企业应当按照物业服务合同的约定，提供相应的服务。物业服务企业未能履行物业服务合同的约定，导致业主人身、财产安全受到损害的，应当依法承担相应的法律责任。故法院依法酌情判决物业公司承担40%赔偿责任，赔偿原告21540元。

本案提醒：物业管理企业应当按照物业服务合同约定的服务内容、方式、时间要求进行服务，定期对物业设施设备进行保养，以保证业主的人身、财产安全不受侵害。同时，对业主装修要切实履行监督管理职责，对业主不当装修的行为，应当及时制止，防止对业主的人身及财产造成侵害。

法条链接

《物权法》第37条，《物业管理条例》第35条

消防设施出问题　业主损失物业赔

经典案例

2011年8月13日17时许，金某夫妇新装修入住的某高层小区11楼住房发生火灾，经消防部门1个多小时的扑救，火情才得以控制。此次事故最终造成金某夫妇屋内家具、电器等烧损，同时也造成其邻居家中不同程度受损。

消防部门出具了火灾事故认定书，起火原因不排除空调插座、空调内部电气故障。灾害成因为：火灾起始阶段未被及时发现和处置；扑救时，楼层内消防栓水带接口脱落，小区室外消防栓无水，在一定程度上延误了扑救时间。

金某夫妇认为：物业公司在起火初始阶段未进行处理，消防部门来扑救时楼层内和室外消防设施无法使用，导致损失扩大，故应就自己的损失承担赔偿义务；置业公司在房屋建造设计时违反相关建筑设计规范，存在过错，故对损失也应承担赔偿责任。

法庭上，物业公司辩称，其已充分履行物业合同所明确的义务和相关法律法规所确定的职责，在此次事故中没有任何过错。置业公司则辩称，所涉小区消防工程建设到位、设施配备齐全，经检测检验合格，相关产权已移交至业主委员会，自己不是本案适格被告。

法槌定音

法院经审理认为，该小区已经消防部门验收合格，原告以被告置业公司违反相关建筑设计规范，要求对火灾引发的财产损失承担民事赔偿责任，缺少事实依据和法律依据；被告物业公司未能尽到消防设施的日常维护和管理职责，导致火灾发生时，消防设施无法使用，从而造成火灾损失的扩大，应承担相应的民事赔偿责任。原告方作为业主，未能消除室内空调插座、空调内部电气故障之火灾隐患，继而引发事故，其疏忽大意是造成本起火灾损失的主要原因。

经鉴定，金某夫妇房屋装修损失及室内物品损失 49 万余元。鉴于他们还有未能列入鉴定范围的日常生活用品以及外出租房费用支出等实际损失，法院酌情支持 76400 元。法院判决：物业公司对消防设施疏于维护和管理，承担 20% 责任，赔偿原告 113632 元；置业公司不承担赔偿责任。

法律解析

本案中，原告业主由于未能消除室内空调插座、空调内部电气故障的火灾隐患，固然是导致火灾事故发生和造成财产损失的主要原因，应当承担主要责任。但是，根据《消防法》第 18 条第 2 款规定，住宅区的物业服务企业应当对管理区域内的共用消防设施进行维护管理，提供消防安全服务。同时，根据《物业管理条例》第 28 条规定，物业服务企业承接物业时，应当对物业共用部位、共用设施设备进行查验。本案中物业公司由于未能认真履行其法定的职责，存在一定过错，故应当承担一定的过错赔偿责任。根据《民法通则》第 106 条规定，公民、法人违反合同或者不履行其他义务的，应当承担民事责任。公民、法人由于过错侵害国家的、集体的财产，侵害他人财产、人身的，应当承担民事责任。故法院依法酌情对本案被告物业公司作出了上述判决。

法条链接

《消防法》第 18 条，《物业管理条例》第 28 条，《民法通则》第 106 条

高层住宅住一楼　电梯费用仍需交

经典案例

2005年，徐女士入住北京某小区。其签订的物业合同中约定，徐女士应于每年的10月31日前按每月每建筑平方米1.78元的标准交纳物业费，其中包括电梯费0.80元。徐女士认为自己住在一层，并未享受电梯的服务，故拒绝交纳5年电梯费。物业公司将徐女士起诉至法院，要求徐女士支付电梯费6836.15元及滞纳金500元。

法槌定音

法院经审理认为，楼道电梯属于公共设施，其目的在于服务全体业主，其费用理应由全体业主共同负担。徐女士认为其作为一层业主，不属于受益人，并拒绝交纳电梯费的抗辩意见缺乏依据。根据本案实际情况，物业公司要求徐女士支付滞纳金的诉讼请求，法院不予支持。最终，法院判决徐女士给付物业公司电梯费6836.15元。

法律解析

《物权法》第70条、第72条规定，业主对建筑物内的住宅、经营性用房等专有部分享有所有权，对专有部分以外的共有部分享有共有权和共同管理的权利。业主对建筑物专有部分以外的共有部分，享有权利，承担义务；不得以放弃权利不履行义务。本案中的楼道电梯属公共设施，其目的在于服务全体业主，其费用理应由全体业主共同担负。因此，住在一楼仍需交纳电梯使用费，故法院最终判决徐女士给付物业公司电梯费。

法条链接

《物权法》第70条、第72条

业主免交物业费　开发商承诺无效

经典案例

某物业公司要求王女士交纳物业费，王女士以购房时开发商向其承诺可以终身免交物业费为由而拒绝交纳。2005 年 1 月 1 日，王女士某房产开发商签订了购房合同书，购买某花园小区的四套房屋。原告系该花园小区物业公司，与小区业主委员会签订了物业管理服务合同。王女士自 2012 年 1 月 1 日至 2014 年 12 月 31 日，只交纳了一套房屋的物业费，而没有交纳另外三套房屋的物业费。王女士辩称，自己购买的四套房屋，一套用于自家居住，另外三套用于开办幼儿园。因计划开办幼儿园，当时与房产开发商约定按照幼儿园格局建造这三套房屋，且购房价格高于该小区普通房屋价格。因为开发商在购房合同书附件中对自己承诺了物业费“四套终身按一套收取”，自己才会决定购买这三套房屋，否则，自己根本就不会购买。因此，王女士拒绝交纳另外三套房屋的物业费。

法槌定音

法院经审理认为，购房合同书附件中“四套终身按一套收取”的约定对物业公司没有约束力，被告王女士不能由此主张免交另外三套房屋的物业费。2015 年 7 月，法院判决王女士向物业公司交纳物业费 7395.36 元。

法律解析

本案中，房产开发公司与物业公司各自具有独立的法人资格，是两个不同的法律关系主体。王女士与房产开发公司之间形成的是房屋买卖合同关系，而其与物业公司之间形成的是物业服务合同关系，这是两个完全不同的民事法律关系。在未获得物业公司授权委托的情形下，房产开发公司无权擅自处分物业公司权利，无权在购房合同书附件中就物业费收取事项对被告作出承诺，因此其承诺无效。根据《合同法》第 48 条规定，行为人没有代理权、超越代理权或者代理权终止后以被代理人名义订立的合同，未经被代理人追认，对被代理人不发生效力，由行为人承担责任。同时，《合同法》第 8 条规定，依法成立的合同对当事人具有法律约束力。故法院依法判决王女士向物业公司交纳物业费 7395.36 元。

法条链接

《合同法》第 8 条、第 48 条

小区擅提物管费　业主诉求获支持

经典案例

原告陈先生是某路 11 号、13 号商铺的业主。2011 年 2 月 19 日，小区业主委员会与物业管理有限公司在原告不知情的情况下，签订物业服务合同，擅自将物业管理费提高到每月每平方米 2.5 元，原告后来因其他诉讼才得知此事，其认为两被告的行为损害了原告的合法权益，故向法院起诉，要求判令两被告签订的《物业服务合同》第 7 条无效。

经法院查明，原告系某路 11 号、13 号商铺的业主，该小区原由某物业公司进行前期物业管理。2011 年 1 月，该小区成立业主委员会。同年 2 月 19 日，两被告签订《物业服务合同》，其中第 7 条约定，联排住宅每月每平方米物业管理费 1.70 元，商业用房每月每平方米 2.50 元。

法槌定音

2012 年 12 月，法院认为这一做法损害了业主权益，故判决两被告签订的《物业服务合同》第 7 条中关于“商业用房物业管理费每月每平方米 2.50 元”的内容无效。

法律解析

根据《最高人民法院关于审理物业纠纷案件具体应用法律若干问题的解释》第 5 条规定，物业服务企业违反物业服务合同约定或者法律、法规、部门规章规定，擅自扩大收费范围、提高收费标准或者重复收费，业主以违规收费的理由提出抗辩的，人民法院应予支持。业主请求物业服务企业退还其已收取的违规费用的，人民法院应予支持。小区物业不得单方增加物业管理费。物业管理费的收取标准，应以物业管理合同或商品房买卖合同中的约定为准。除因政府调整价格外，开发商和物业管理公司都不得单方提价。如果确有必要增加，必须召开业主大会，征得业主同意后方可增加。如果物业擅自提高物业管理费的收费标准，业主可以要求物价部门进行协调，也可以通过仲裁或诉讼程序解决。本案中，两被告在签订物业服务合同前，仅向联排住宅的业主发过征询单，但未向包括原告在内的商铺业主发过征询单，未向商铺的业主说明提高物业管理费到 2.50 元，故两被告签订的《物业服务合同》中第 7 条关于商业用房物业管理费每月每平方米 2.50 元的条款属无效。

法条链接

《最高人民法院关于审理物业纠纷案件具体应用法律若干问题的解释》第 5 条

离婚房产未过户　物业费用共同交

经典案例

1996 年，周先生和曹女士喜结连理。2003 年，周先生购买了该市住房一套，产权登记的是周先生的名字。2008 年，两人因感情不和而在民政局协议离婚。离婚协议上，双方约定上述房屋归女方所有，但一直未办理产权变更登记。随后，当物业公司催缴物业费时，两人互相推托。多次催要无果，物业公司一纸诉状将两人一起告上法院，请求两被告支付拖欠上述房屋 2011 年 1 月 1 日至 2014 年 12 月 31 日的物业费，共计 6590.4 元。法庭上，周先生辩称，离婚后房产已经转让给女方，没有理由再缴纳物业费。曹女士则辩称，产权证上没有她的名字，她不是缴费义务人。

法槌定音

法院经审理认为，被告周先生系涉案房屋登记的产权人，被告曹女士系涉案房屋的共同所有权人。我国《物权法》第 98 条规定：“对共有物的管理费用以及其他负担，有约定的，按照约定；没有约定或者约定不明确的，按份共有人按照其份额负担，共同共有人共同负担。”被告与物业公司签订的物业服务合同系双方真实意思表示，对本案两被告均具有拘束力。原告为涉案小区提供的物业服务从未间断，两被告理应缴纳拖欠的物业费。2015 年 9 月，法院判决两被告共同支付拖欠原告物业管理有限公司的物业费共计 6590.4 元。

法律解析

《物权法》第 9 条规定，不动产物权的设立、变更、转让和消灭，经依法登记，发生效力；未经登记，不发生效力。本案中，被告周先生与曹女士所住的该套房屋，产权登记的是周先生的名字，虽然两人在离婚时双方约定该房屋归曹女士所有，但由于未办理产权变更登记，其房屋的所有权仍属双方共同所有。根据《物业管理条例》第 6 条、第 41 条规定，房屋的所有权人为业主。业主应当根据物业服务合同的约定交纳物业费。故法院依法判决两被告共同支付拖欠原告物业费共计 6590.4 元。

法条链接

《物权法》第 9 条、第 98 条，《物业管理条例》第 6 条、第 41 条

物业服务不到位　被判减收物业费

经典案例

桂女士于 2007 年入住某小区 13 号楼 1104 室，后与物业公司签订了《前期物业管理服务合同》接受物业公司的物业管理。桂女士入住后仅交纳了一年物业费，从 2008 年 7 月起至 2013 年 5 月物业费一直拖欠未交，共欠费 57 个月，计款 3842.7 元。入住期间，桂女士家的北面墙有漏水现象，桂女士找物业公司多次协调未果，故拖欠物业费不交。在屡找桂女士交费不成的情况下，物业公司将桂女士诉至法院。

法槌定音

法院经审理认为，物业公司与桂女士签订《前期物业管理服务合同》，物

业公司对桂女士居住的小区进行物业管理并收取相应费用。双方均应按合同约定履行各自义务。桂女士未按时交纳物业服务费引起讼争，应承担相应民事责任。但桂女士家的北面墙有漏水现象，双方多次协调未果，物业公司在该过程中，部分服务不到位，故对其物业服务费予以酌减，可按70%的比例收取物业服务费。桂女士认为其居住的房屋北墙漏水，导致家具受潮受损，造成经济损失，可另案起诉。法院一审判决：桂女士应支付物业管理公司2008年7月至2013年5月的物业服务费2437.9元。

一审判决宣告后，桂女士提起上诉称：2009年起双方就没有再签订物业服务协议，其不同意物业公司继续提供物业服务，因没有物业协议，物业费就没有依据的标准；且物业公司也没有物业服务资质，共有屋顶漏水也不维修，因此，不同意支付物业费。

二审法院经终审认为：物业公司与桂女士之间签订有《前期物业管理服务合同》，该合同并未约定期限，物业公司一直在履行物业管理的相关义务，桂女士作为业主亦应当按照规定缴纳物业服务费，关于房屋漏水的责任及损失问题，桂女士可另行提起诉讼。经审理，2014年10月，二审法院驳回上诉，维持原判。

法律解析

《最高人民法院关于审理物业服务纠纷案件具体应用法律若干问题的解释》第6条规定，经书面催交，业主无正当理由拒绝交纳或者在催告的合理期限内仍未交纳物业费，物业服务企业请求业主支付物业费的，人民法院应予支持。本案中，由于该物业公司服务不到位，造成业主桂女士家的部分墙面存在漏水现象，双方多次协调未果，故桂女士拖欠物业费不交，其理由正当。据此，法院根据双方约定，作出酌情减少缴纳物业费的判决是符合法律规定的。

法条链接

《最高人民法院关于审理物业服务纠纷案件具体应用法律若干问题的解释》第6条

更换物业管理员　须业主大会同意

经典案例

某小区共有一百余户居民，被告王某系原开发商聘请的工作人员。后开发商授权王某全权负责该小区所有物业管理工作，并将小区部分物业用房无偿供被告王某使用。其间，小区成立了业主委员会。业主委员会成立后，小区内垃圾无人清运，有关部门安排被告王某按年收取垃圾清运费，负责清运小区的垃圾。王某一直占有该小区共有配套的部分物业管理用房，维护小区内的环境卫生等，是实际上的小区物业管理人员。业主委员会诉请更换开发商聘请的物业管理人员。

法槌定音

法院经审理认为，业主有权选聘和解聘物业服务企业或其他管理人，业主选聘和解聘物业服务企业或其他管理人应当经专有部分占建筑物总面积三分之二之上的业主且占总人数三分之二之上的业主同意。业主委员会应当依照法律、法规和业主大会的决定履行职责。被告王某为原开发商聘用的前期物业管理人员，业主委员会诉请更换物业管理人员，未经达到法定人数业主同意，程序不符合法律规定。2014 年 5 月，法院依法驳回了原告的诉讼请求。

法律解析

《物权法》第 76 条第 1 款第 4 项和第 2 款规定，选聘和解聘物业服务企业或者其他管理人由业主共同决定，应当经专有部分占建筑物总面积三分之二以上的业主且占总人数三分之二以上的业主同意。本案中，业主委员会诉请更换物业管理人员，未召开业主大会，未达到法定人数业主的同意，程序不符合法律规定，故法院依法驳回了原告的诉讼请求。

法条链接

《物权法》第 76 条

十、相邻关系篇

楼上积水渗楼下　受损邻居获赔偿

经典案例

黄某和陈某是楼上楼下的邻居，2004 年 8 月 12 日“云娜”台风期间，因陈某所有的 502 室房屋窗户、阳台水龙头未关及阳台地漏堵塞等原因，造成房屋出现大面积积水现象，并渗漏至楼下黄某的 402 室房屋内，造成黄某的房屋装潢、家具、衣服等进水，经价格认证中心鉴定，黄某家装潢部分受的损失为人民币 10662.90 元。

法槌定音

法院经审理认为，被告陈某因未关水龙头及阳台地漏堵塞、渗漏给原告造成损失，应承担赔偿责任。2006 年 6 月 29 日，法院作出判决，由被告陈某赔偿给原告黄某装潢损失人民币 10662.90 元。

法律解析

本案中，被告与原告是上下楼的邻居关系，被告陈某因未关水龙头及地漏堵塞，导致积水渗漏至楼下，给原告黄某造成损失。根据《民法通则》第 83 条规定，不动产的相邻各方，应当按照有利生产、方便生活、团结互助、公平合理的精神，正确处理截水、排水、通行、通风、采光等方面的相邻关系。给相邻方造成妨碍或者损失的，应当停止侵害，排除妨碍，赔偿损失。故法院依法判决被告陈某赔偿原告黄某损失费 1 万余元。

法条链接

《民法通则》第 83 条

厕所渗水生纠纷　索赔损失应合理

经典案例

楚先生和陈女士是楼上楼下的邻居。2009 年 10 月，陈女士在装修房屋时，因为要改动坐便器位置需要调整管道。在征得了楼下楚先生的同意后便将自家卫生间的排污管改道。2012 年 5 月，楚先生准备装修入住时，发现自家卫生间顶部有渗漏的情况，便通过物业找到陈女士，要求给予维修。随后双方为维修的效果一直矛盾不断，楚先生多次报修，陈女士也多次进行了维修。直到 2012 年年底，在楚先生的坚持下，陈女士对管道全部予以更换，这才使渗水问题得到彻底解决。

此后，楚先生向陈女士提出经济赔偿要求，双方协商不成，楚先生诉至法院，要求陈女士赔偿两年的物业费 9000 余元及房屋价值贬值损失 10 万元。另外，楚先生提出，因新宅的漏水导致旧房的交付被迫延期，故楚先生要求陈女士赔偿其向他人承担的违约金 19 万元，三项费用共计约 30 万元。

法槌定音

法院经审理认为，索赔损失要合情理，不能乱要。故判令陈女士赔偿楚先生 3 个月的物业费 1177 元，并驳回了其他诉讼请求。

法律解析

对于该案的判决，法官解释称，楚先生主张自己向他人承担 22 个月总计为 19 万元违约金，其真实性与合理性都存在疑问。作为理智的人，不可能放任这种损失的发生和扩大，在长达 22 个月的时间里也不采取任何措施，原告完全可先行维修后向被告主张权利，或者另寻房租住而交付出售的房屋，不应坐视不管而去承担金额巨大的违约责任。对于房屋贬值损失，法院认为，渗水问题现已解决，住宅功能没有受到限制，故使用价值未因此而降低。据此，法院作出如上判决。

本案提醒：卫生间渗水是一个较为普遍的问题。应注意以下几点：一是装修高层住房时，住户首先要解决好卫生间的渗水问题，以确保楼下住户的人身和财产安全；二是发现楼上卫生间有渗水问题，一定要及时通知楼上住户，彻底修好，不留后患；三是楼下住户索要损失赔偿时，要本着团结互助、公平合理的精神，合理索要损失赔偿。

法条链接

《民法通则》第 83 条、第 117 条

租房回收废旧物　影响邻居须清除

经典案例

步某长年在某镇从事废旧物品回收。2013 年 6 月，步某租下村民吴老汉的三间平房及房后一块责任田，用于日常居住和堆放废旧塑料瓶。夏天来临，该堆放场所不断飘出难闻的臭气，废品压缩机还不时地发出阵阵刺耳的噪声，这引起了居住在堆放场地北侧不远处刘某夫妇的强烈不满。多次交涉无果后，刘某夫妇一纸诉状将步某、吴老汉一起告上了法院，请求停止侵害，清理堆放的废旧物品。2013 年 9 月 25 日，法院经现场勘查发现，步某租住吴老汉三间平房的后墙至刘某家房前责任田南侧大约 20 余米，其间堆有大量的废旧塑料瓶，堆放场的最北侧距刘某家的住宅约 10 米。

法槌定音

法院经审理认为，物权的行使应遵守法律，尊重社会公德，不得损害公共利益和他人合法权益。吴老汉与刘某家的责任田及房屋相毗邻，邻里之间应按照有利生产、方便生活等原则妥善处理相邻关系，而步某将回收的废品露天堆放在村镇人居、农业生产区域的行为明显不利于良好的村镇人居环境及公共卫生。虽然堆放废旧物品本身不直接污染环境，但是堆放废旧物品易滋生细菌及

吸引蝇虫等，具备污染侵害的间接性、过程的缓慢性以及影响的公害性。同时，在别人住宅前堆放大量垃圾，亦不符合人们对于舒适人居环境的合理要求，两被告的行为对刘某夫妇的正常生产、生活已造成不利。

法院一审判决被告步某、吴老汉于该判决发生法律效力后30日内将堆放的废旧物品清理完毕，且今后不得再行堆放。步某不服，向二审法院提起上诉。二审法院经审理认为，一审认定事实清楚，适用法律正确，应予维持。2014年4月，二审法院对这起相邻污染侵害纠纷案作出维持一审的终审判决，限两被告于该判决发生法律效力后30日内将堆放的废旧物品清理完毕，且今后不得再行堆放。

法律解析

本案中，被告步某从事废旧物品回收生意，在某承租房后堆放大量的废旧物品，直接影响邻居的生活。根据《民法通则》第7条规定，民事活动应当尊重社会公德，不得损害社会公共利益，扰乱社会经济秩序。同时，根据《民法通则》第83条规定，不动产的相邻各方，应当按照有利生产、方便生活、团结互助、公平合理的精神，正确处理截水、排水、通行、通风、采光等方面的相邻关系。给相邻方造成妨碍或者损失的，应当停止侵害，排除妨碍，赔偿损失。故法院依法判决被告限期清理，并不得再行堆放。

法条链接

《民法通则》第7条、第83条

利用宿舍开饭店　影响邻居应停业

经典案例

住在省城某大学教师宿舍的王某某为了生计，未经相邻住户的同意，利用自家一楼的宿舍与儿子儿媳开了个饭店，从事对外送盒饭和接待学生来家中就餐的经营，每到中午和晚上营业时间，就会产生大量的噪声和油烟，小饭店外专门安装的排油烟管道也是油污斑斑，存在消防隐患。同一楼梯的徐某某等十户居民多次与王某某交涉，并向校方反映均无结果，一气之下将王某某告上了法庭。

法槌定音

一审法院和二审法院经审理后认为，根据《物权法》的有关规定，业主不得违反法律、法规以及管理规约，将住宅改变为经营性用房。业主将住宅改变为经营性用房的，除遵守法律、法规以及管理规约外，应当经有利害关系的业主同意。被告王某某未经众邻居同意，擅自改变住宅用途，且经营活动影响了原告徐某某等十户居民的正常生活环境和邻里安定团结，应停止餐饮经营。

2008 年 3 月，二审法院终审判决开小饭店的王某某停止在居室内的餐饮经营，拆除屋外的排油烟管道。

法律解析

本案的被告王某某未经邻居同意，擅自改变住宅用途，影响了邻居的正常生活环境，遭到了周围邻居的反对。根据《物权法》第 77 条的规定，业主不得违反法律、法规以及管理规定，将住宅改变为经营性用房。业主将住宅改变为经营性用房的，除遵守法律、法规以及管理规约外，应当经有利害关系的业主同意。同时，根据《民法通则》第 83 条规定，不动产的相邻各方，应当按照有利生产、方便生活、团结互助、公平合理的精神，正确处理截水、排水、通行、通风、采光等方面的相邻关系。给相邻方造成妨碍或者损失的，应当停止侵害，排除妨碍，赔偿损失。故法院依法判决被告王某某停止餐饮经营，并拆除屋外的排油烟管道。

法条链接

《物权法》第 77 条，《民法通则》第 83 条

村民住房改猪圈　扰邻生活法不容

经典案例

戴某是戴某某的亲叔叔，两家房屋坐北朝南，连屋搭山。2010 年 10 月，戴某建了新房，便将原先居住的瓦房改建成猪圈，养了 20 多头猪，猪粪都堆在门前。如此一来，戴某某便遭了殃。猪整天哼哼叫，雨雪天污水横流，臭气熏天，一家人睡不安，吃不下，叔侄之间经常为此发生冲突。虽经村干部多次调解，终因双方分歧太大，调解未果。无奈之下，戴某某向法院起诉，要求戴某停止养猪。

法庭上，双方当事人不顾叔侄亲情，相互指责，把陈芝麻烂谷子的事都抖了出来。戴某某认为，戴某虽然是在自己家的地上养猪，但猪的叫声和猪粪的臭气让人无法休息，特别是阴雨天，粪水四溢，严重影响了邻里的正常生活。故要求其停止养猪，并将猪圈拆除。戴某认为，在自己的屋里养猪，猪粪也堆在自己家的地上，没有侵占戴某某家的地。

法槌定音

法院经审理认为，民事活动应当遵循公序良俗，应当遵守社会公德，不应影响邻里的生产生活。戴某虽然是在自己家的屋里养猪，但猪发出的叫声和堆积猪粪所产生的污染影响了邻里的正常生活，使戴某某的生活质量严重下降。2011 年 5 月，法院判决戴某不得再在该猪圈养猪及其他禽畜，不得再在该猪圈周围堆积粪便，自判决生效之日起 20 日内履行完毕。

法律解析

《民法通则》第 7 条规定，民事活动应当尊重社会公德，不得损害社会公共利益，扰乱社会经济秩序。同时，根据《民法通则》第 83 条规定，不动产的相邻各方，应当按照有利生产、方便生活、团结互助、公平合理的精神，正确处理截水、排水、通行、通风、采光等方面的相邻关系。给相邻方造成妨碍或者损失的，应当停止侵害，排除妨碍，赔偿损失。本案中，村民戴某住进了新房，为增加收入，提高生活水平，将旧房改为猪圈养猪，应该说是好事，但是也不能影响邻居的生活，物权的行使也应当遵守法律。根据上述法律的规定，故法院依法对本案作出了限期清理的判决。

法条链接

《民法通则》第 7 条、第 83 条

自家院里建厕所　影响邻居判拆除

经典案例

李某和方某是相处 20 多年的邻居，两家的宅院都是坐北朝南，方家在西边，李家在东边。2005 年 2 月，为方便生活，方某在自家院子的东边、紧靠李某宅院的西墙根修建了一个厕所。厕所修好使用后，不料邻居李某竟找上门来，说方某家的厕所不仅散发难闻气味，而且厕所修在李某宅院西墙根滴水内，影响了他家的水路畅通，要方某将厕所拆除。方某认为他的厕所建在自己院内，在宅基地使用范围内，李某此举纯粹是使坏，故拒绝拆除。经协商未果，李某诉至法院。

法槌定音

法院经审理认为，方某修建的厕所虽在自己的宅院基地范围内，但影响相邻之间风道水路畅通，侵犯了李某的合法权益，现李某要求方某停止侵权，理由充分，符合法律规定，应予支持。

2006 年 2 月 24 日，法院审理了这起侵权纠纷案，判令方某拆除其建在自家院子东边的厕所，恢复原状。

法律解析

《民法通则》第 83 条规定，不动产的相邻各方，应按照有利生产、方便生活、团结互相、公平合理的精神，正确处理截水、排水、通行、通风、采光等方面的相邻关系。给相邻方造成妨碍或者损失的，应当停止侵害，排除妨碍，赔偿损失。本案中，方某在自家建厕所是无可厚非的，但影响邻居李某的正常生活环境和水路畅通则是不应该的，也是违反法律规定的，故法院依法判决方某拆除厕所，恢复原状。

法条链接

《民法通则》第 83 条

公共楼道安探头　影响邻居应拆除

经典案例

周先生发现对门温女士在楼道里安装了一个红外线探头，视野辐射整个楼道。此后，周先生一家感觉出行受到了全天候监视，只要抬头看到这个闪着红光的“眼睛”，就感觉浑身不自在。周先生找温女士交涉无果，遂把温女士告上了法庭。

法槌定音

法院经审理认为，个人在公共场所安装摄像探头需经有关部门批准，周、温两家的房屋是一梯二户结构，共用楼道，温女士没有经过批准，也未征得周先生同意，擅自在大楼共用部位安装红外线监控探头。虽然在诉讼期间移动了探头位置，但是探头仍然处于共用位置上，仍对共用部位进行监控，这样的行为超越了法律赋予业主的相关权限，侵犯了相邻业主的隐私权，对周先生构成妨碍。2010 年 1 月 5 日，法院判决，温女士立即拆除探头。

法律解析

《最高人民法院关于确定民事侵权精神损害赔偿责任若干问题的解释》第 1 条规定，违反社会公共利益、社会公德侵害他人隐私或者其他人格利益，受害人以侵权为由向人民法院起诉请求赔偿精神损害的，人民法院应当依法予以受理。本案中，被告温女士未征得周先生同意，擅自在楼内共用部位安装红外线监控探头，其行为超越了法律赋予业主的相关权限，侵犯了相邻业主的隐私权，对周先生构成了妨碍，故依法应予以拆除。

法条链接

《最高人民法院关于确定民事侵权精神损害赔偿责任若干问题的解释》第1条，《民法通则》第83条

高楼建在平房前　一缕阳光赔八千

经典案例

1990年3月，颜某建造了4间房屋供家庭居住使用，与某单位相邻，居住了10余年相安无事。不料，2003年12月，门前南面却矗立起一幢该单位建设的七层办公楼，影响了颜某正常的生活。鉴于高楼影响采光权，颜某多次找到该单位的负责人，但均未得到满意答复。颜某一纸诉状将该单位推上被告席。

法槌定音

法院经审理认为，建高楼影响原告采光权，应承担民事赔偿责任。2005年1月31日，法院公开宣判了这起因相邻关系引发的采光纠纷案，居民颜某获得赔偿8000元。

法律解析

《物权法》第89条规定，建造建筑物，不得违反国家有关工程建设标准，妨碍相邻建筑物的通风、采光和日照。本案中，被告单位的七层办公楼建在原告颜某的房屋前，影响了颜某的采光权，不符合法律的规定，故法院依法判决被告赔偿原告颜某8000元。

法条链接

《民法通则》第83条，《物权法》第89条

为了一条排水沟　相邻纠纷十余载

经典案例

原、被告双方的房屋相邻。2002 年，原告余某现居住的房屋落成，并于 2005 年经乡土地管理所调解，余某与被告汪某达成协议后，在屋后修建了排水沟。2009 年，两户为排水发生纠纷，经乡、村调解达成协议，汪某当场写下保证书，保证两户排水通畅。2010 年，两户因房屋问题争吵打架再次发生纠纷，造成余某家人的身体伤害，经法院调解达成协议。2011 年 3 月，被告李某等将两户相邻的排水沟堵上，使水沟里的水无法流出，经村、乡多次调解无果，后诉至法院。

法槌定音

法院经审理认为，原告与被告既是同村又是相邻关系，作为不动产的相邻双方，应当按照有利生产、方便生活、团结互助、公平合理的原则正确处理排水方面的相邻关系。然而被告擅自堵住原告余某的排水沟，影响了正常生活。2011 年 10 月，法院依法判决被告将相邻的排水沟恢复原状，排除妨碍。

法律解析

俗话说，远亲不如近邻。远亲不在一起，帮不了忙，近邻靠得近，可以及时照顾。在本案中，原、被告相邻的两家，本应当按照有利生产、方便生活、团结互助、公平合理的精神，正确处理排水方面的相邻关系，可他们却为了一条排水沟闹了十多年，直到闹上法庭才被解决，真可谓小题大做，得不偿失。退一步海阔天空，忍一时风平浪静。如果大家都能忍让一点，宽容一点，我们的社会就会变得更加和谐与美好。

法条链接

《民法通则》第 83 条，《物权法》第 86 条

十一、刑事犯罪篇

上门讨债生冲突　毁人财物被判刑

经典案例

2015年2月13日10时许，周某、殷某和刘某、张某（均另案处理）等人驾车到村民李某家找其索要欠款。李某当日在家正为其儿子办十周岁生日酒宴，让周某、殷某等人在家中等其办完酒宴收到礼钱后再谈还钱一事，李某随即离家并将手机关机。周某、殷某等人便让李某妻子曾某联系李某，双方因言语不和发生争吵，后周某、殷某、刘某、张某分别手持木板凳、石头、棒球棍等物件，对李某停在门口的一辆黑色雪佛兰轿车进行打砸，致该车多处受损。经价格认证中心鉴定，车辆损失合计价值12320元。

另查明：周某2008年11月因寻衅滋事罪被判处有期徒刑一年；2011年10月因寻衅滋事罪被劳动教养一年零三个月；2012年3月因寻衅滋事罪被法院判处有期徒刑一年零二个月。

法槌定音

法院经审理认为，周某、殷某共同故意毁坏他人财物，价值12320元，数额较大，其行为已触犯刑法，均构成故意毁坏财物罪。在共同犯罪中，周某、殷某所起的作用相当，无明显主次之分，本案系一般共同犯罪。周某曾因犯罪被判处有期徒刑以上刑罚，刑罚执行完毕以后，在五年以内再犯应当判处有期徒刑以上刑罚之罪，系累犯，依法应从重处罚。周某、殷某在归案后如实供述自己的犯罪事实，依法可从轻处罚。受害人李某对本案的发生存在过错，案发后，周某、殷某积极赔偿受害人李某经济损失，并取得对方谅解。2015年9月，明光市人民法院以故意毁坏财物罪，判处被告周某有期徒刑七个月，判处被告殷某拘役四个月。

法律解析

故意毁坏财物罪，是指故意毁灭或者损坏公私财物，数额较大或者情节严重的行为。本案中，在原告李某答应等儿子办好生日宴后还其债务的情况下，只因双方言语不和发生争吵，被告周某、殷某及犯罪嫌疑人刘某、张某便对原告汽车进行打砸，且损失数额较大，其行为已构成故意毁坏财物罪。根据《刑法》第275条规定，故意毁坏公私财物，数额较大或者有其他严重情节的，处三年以下有期徒刑、拘役或者罚金；数额巨大或者有其他特别严重情节的，处三年以上七年以下有期徒刑。故法院依法对本案作出了上述判决。

本案提醒：欠债还钱天经地义，上门讨债无可厚非，但是如果讨债不理性，要债不成毁人财物，同样也要受到法律的制裁。

法条链接

《民法通则》第75条，《刑法》第275条，《刑法修正案（八）》第6条

索债扣押他人车　拒不归还被判刑

经典案例

2012年3月，谯某因经济纠纷在某公安分局刑警中队解决未果的情况下，以叶某欠债未清偿为由，将叶某朋友借给其使用的价值百万元的高档轿车拖走。之后，叶某的朋友多次催促，但谯某拒不归还，并引发返还原物纠纷诉讼。叶某的朋友以机动车行驶证、购车协议、银行贷款合同等证据证明车辆为其所有，并经法院一审、二审裁判，要求谯某在判决生效后3日内将轿车返还。判决生效后，谯某仍拒绝返还，并在法院强制执行中以车辆丢失或已抵偿给他人等理由搪塞，长期躲避执行人员。

法院经调查认为，谯某具有履行特定义务的能力而拒不执行，情节严重，已涉嫌犯罪，遂将案件移送公安机关立案侦查。谯某被公安机关抓获后，才意

识到问题的严重性，并将藏匿的涉案车辆交出。因该车扣押时间长达 21 个月，损坏严重，仅维修费用就高达 14 万余元。该案在审理期间，谯某共赔偿了 17 万余元，后取得了车主的谅解。

法槌定音

法院经审理认为，谯某有能力执行而拒不执行人民法院生效判决、裁定，情节严重，其行为构成拒不执行判决、裁定罪。鉴于其系初犯，归案后如实供述犯罪事实，案发后已将涉案车辆返还并赔偿，取得了被害人的谅解，认罪、悔罪态度较好，2014 年 7 月，法院以拒不执行判决、裁定罪判处被告谯某有期徒刑二年，缓刑三年。

法律解析

拒不执行判决、裁定罪，是指对人民法院的判决、裁定有能力执行而拒不执行，情节严重的行为。本案中，被告谯某为索要债务，将他人价值百万元的车辆拖走，隐藏转移，并在法院执行过程中骗称汽车被盗，有能力执行而拒不执行，造成巨额经济损失，其行为已构成拒不执行判决、裁定罪。根据《刑法修正案（九）》第 39 条规定，对人民法院的判决、裁定有能力执行而拒不执行，情节严重的，处三年以下有期徒刑、拘役或者罚金；情节特别严重的，处三年以上七年以下有期徒刑，并处罚金。同时，根据《刑法修正案（八）》第 11 条规定，对于被判处拘役、三年以下有期徒刑的犯罪分子，犯罪情节较轻，有悔罪表现，没有再犯罪的危险的，可以宣告缓刑。故法院依法对本案作出了上述判决。

本案提醒：索债不成可通过法律途径解决，扣押他人财物系违法行为，拒不执行法院判决系违法行为，必然受到法律的惩罚。

法条链接

《民法通则》第 75 条，《刑法修正案（八）》第 11 条，《刑法修正案（九）》第 39 条

捡到巨款不归还　依法被判侵占罪

经典案例

2005年4月18日下午4时，慈溪商人陈某把从银行取到的85万元现金遗落在肖某开的“奇瑞”车上。当晚，肖某携款逃走了。同年8月，肖某落网。警方共追回了近67万元现金。其余18万均被肖某挥霍。

据肖某交代，他和家人将55万元现金装入罐内，深埋在老屋的院子里，又送给姐姐8万元。接着他携带10多万元赴新疆“潇洒”旅游，一路上吃喝嫖赌，过了一段奢侈糜烂的生活。庭审时，肖某低头承认了自己的罪行。

法槌定音

法院经审理认为，被告肖某的行为已构成侵占罪，且数额巨大，情节严重。2005年10月21日，法院以侵占罪判处肖某有期徒刑三年，并处以罚金2万元，并责令将挥霍掉的尚未退还的18万余元退还给陈某。

法律解析

侵占罪，是指以非法占有他人财物为目的，将代为保管的他人财物或者他人的遗忘物、埋藏物非法占为已有，数额较大，拒不交还的行为。本案中，被告肖某面对乘客陈某遗落在其车上的85万元巨款，不是正确选择交还失主，而是错误选择深埋其院并携款逃跑挥霍，其行为已构成侵占罪。根据《刑法》第270条规定，将代为保管的他人财物非法占为己有，数额巨大或者有其他严重情节的，处二年以上五年以下有期徒刑，并处罚金。故法院依法判处被告肖某有期徒刑三年，并处罚金2万元。

法条链接

《民法通则》第75条，《刑法》第270条

截留货款近三万　业务员获刑一年

经典案例

2003年2月至3月，黄某在甲公司担任业务员期间，利用负责在外接洽业务并收取客户货款的职务便利，将A公司、B公司以支票和现金形式支付的货款共计2.87万元私自截留后逃匿，后将赃款用于购买手提电脑、照相机等。

法槌定音

法院经审理认为，被告黄某身为公司职员，利用职务上的便利，将本单位财物非法占为已有，数额较大，其行为已构成职务侵占罪。由于被告黄某能认罪悔罪，遂酌情从轻处罚。

2007年3月2日，法院以职务侵占罪判处甲公司原业务员黄某有期徒刑一年，并责令其退赔2.87万元。

法律解析

职务侵占罪，是指公司、企业或者其他单位的人员，利用职务上的便利，将本单位财物非法占为己有，数额巨大的行为。《民法通则》第73条规定，国家财产神圣不可侵犯，禁止任何组织或者个人侵占、哄抢、私分、截留、破坏。本案中，被告黄某利用职务上的便利，将客户转给本单位的货款非法占为己有，其行为已构成职务侵占罪。根据《刑法》第271条规定，公司、企业或者其他单位的人员，利用职务上的便利，将本单位财物非法占为己有，数额较大的，处五年以下有期徒刑或者拘役。故法院依法对本案作出了上述判决。

法条链接

《民法通则》第73条，《刑法》第271条

村干侵占补偿款　分赃不均互揭发

经典案例

李某、余某曾任某村村委会主任、村支部书记，但某曾任某村村会计、村支部书记，胡某曾任该村一组、八组组长。2005年至2011年，因修路、输气、建水库等多项工程需要占用村土地，某村因此获得多项占地补偿款。李某、余某、但某三人便想出一个“发财之道”：据实给每户占用土地丈量，发放占地补偿款，剩余的占地补偿款用来私分。其间，李某私分补偿款8.2万余元，余某和但某各私分补偿款7.21万余元。

因工作及“捞取好处”多少不同，四人之间逐渐产生矛盾，余某、但某曾将李某侵占村集体补偿款的事情外露，胡某更是多次举报李某侵占村集体补偿金，李某便主动找到纪检部门交代自己侵占补偿款的事实。司法机关介入侦查该案后，李某如实交代了自己单独侵占补偿款及与余某、但某三次合谋侵占集体补偿款的事实，并揭发胡某也侵占了集体补偿款。

法槌定音

法院经审理认为，被告李某、余某、但某、胡某（另案处理）侵占村集体补偿款的行为，已构成职务侵占罪。三被告均如实供述犯罪事实，并退还了一定赃款，李某具有立功和自首情节，依法对三人从轻处罚。2013年5月，法院以职务侵占罪判处李某有期徒刑一年，余某有期徒刑一年零六个月，但某有期徒刑一年零四个月。

法律解析

《民法通则》第74条第3款规定，集体所有的财产受法律保护，禁止任何组织或者个人侵占、哄抢、私分、破坏或者非法查封、扣押、冻结、没收。本案中，三被告侵占、私分集体补偿款，其行为已构成职务侵占罪。根据《刑法》第271条规定，公司、企业或者其他单位的人员，利用职务上的便利，将本单位财物非法占为已有，数额较大的，处五年以下有期徒刑或者拘役。故法院依法对本案作出了上述判决。

法条链接

《民法通则》第 74 条,《刑法》第 271 条

抢占他人继承房　依法被判三年刑

经典案例

45 岁的姜某与刘老太原是养母女关系。2002 年，刘老太以姜某未尽赡养义务、双方关系恶化为由，提起民事诉讼，要求解除收养关系。诉讼期间，姜某与丈夫离婚，称经济困难、无住房，强占了刘老太的住宅。

2002 年 8 月，法院判决解除刘老太与姜某的养母女关系后，刘老太多次要求姜某搬出，姜某一直拒绝。刘老太再次向法院起诉，要求姜某腾房。2003 年 1 月，法院判决姜某搬出，姜某不执行判决。无奈之下，刘老太申请强制执行，法院采取强制措施，强制姜某将房屋腾退。之后，刘老太和妹妹住在自己的房子里。

2003 年 8 月，刘老太立下遗嘱，将住房交由妹妹继承。2004 年 10 月，刘老太去世。2005 年 10 月，姜某在明知刘老太的妹妹是该房的合法继承人，且已将房屋买下的情况下，带人过来强行断掉水电，砸坏客厅玻璃，再次强行占用房屋，并拒不退出。刘老太的妹妹报警，警方于 2006 年 8 月将姜某控制。

法槌定音

法院经审理认为，非法侵入住宅罪是指未经法定机关批准或者未经住宅主人同意，非法强行侵入他人住宅，或者经要求退出而拒不退出的行为。“非法”是指两种情形：一是未经主人同意强行闯入，二是经主人同意进入住宅后又被主人要求退出而拒不退出。

根据《刑事诉讼法》的有关规定，非法侵入住宅罪可以由检察机关提起公诉，亦可以采取自诉的办法进行追诉。根据司法实践经验，只有情节严重的才会以非法侵入住宅罪予以刑事处罚，最高刑期为三年。2007 年 10 月，法院以非法侵入住宅罪终审判处姜某有期徒刑两年半。

法律解析

非法侵入住宅罪，是指非法强行闯入他人住宅，或者经请求无理拒不退出他人住宅的行为。本案中，被告姜某明知刘老太的妹妹是该房的合法继承人，却强占其房屋，并拒不退还，其行为已构成非法侵入住宅罪。根据《刑法》第245条规定，非法侵入他人住宅的，处三年以下有期徒刑或者拘役。故法院依法判处被告姜某有期徒刑两年半。

法条链接

《刑法》第245条

抢占法院已拍房　一家三口被判刑

经典案例

38岁的周某，因资金周转需要向徐某借款20万元，周某的父亲作为担保人签了字。后到期未还，徐某向法院起诉，要求周某父子还款。最终法院支持了徐某的诉讼请求，判决周某父子偿还本息。判决生效后，周某父子没有主动履行。法院查封拍卖了周父名下的一间三层楼房屋。2008年9月，吴某以25.6万元买得该房屋。法院裁定该房屋归买受人吴某所有，并在该房屋门上张贴公告，要求周某一家于2008年10月13日前自行腾空。

期限过后，周家没有自行腾空。法院组织人员进行强制腾空，并将房子交给吴某。吴某把房子换了锁。2008年11月，吴某经过房子时，发现屋里亮着灯，吴某料定是周家又搬进去住了，并向法院反映情况。2008年11月24日，法院再次组织强制腾空。腾空过程中，周某的母亲金某百般阻挠，不断叫骂、威胁法院执行人员，甚至脚踹、嘴咬执行人员。最终，法院对金某实施司法拘留。金某被司法拘留后，周某一家搬到被拍卖房屋边上的小屋里住了几个月。一天，金某趁吴某等人放松警惕，将法院工作人员在院内砌的围墙捣坏，又和家人继续住到原来被拍卖的房屋里。

吴某买了该房后，便办理了房产证。由于吴某长期在外做生意，且平时也没有住到拍卖来的房子里，其间发现周家人住进自己的房子，考虑周家人的实际困难，也就没有再申请强制执行。2015 年 4 月 14 日，吴某直接要求周某一家搬出该房。金某不但不搬，而且态度强硬，说这房是自己二十几年前盖的，没有搬出去的理由。无奈之下，吴某向公安机关报案。据金某交代，房子被拍卖后，其一直心有不甘，想继续强占房子。后双方经村委会调解，达成调解协议，得到吴某的谅解。

法槌定音

法院经审理认为，金某、周某、周父非法侵入他人住宅，其行为已构成非法侵入住宅罪。金某、周某到案后如实供述自己的罪行，周父案发后主动投案，并如实供述自己的罪行，系自首，且本案纠纷已经化解，对三被告可从轻处罚。考虑到金某因阻碍法院强制腾空房屋已被司法拘留过，仍不思悔改，又强行长期入住产权已属他人的房屋，在共同犯罪中行为积极。2015 年 8 月，法院以非法侵入住宅罪对金某判处有期徒刑七个月；判处周某有期徒刑七个月，缓刑一年；判处周父拘役六个月，缓刑十个月。

法律解析

非法侵入住宅罪，是指非法强行闯入他人住宅，或者经请求无理拒不退出他人住宅的行为。本案中，被告周某一家三口所强占住房虽然是自家原来的所有住房，但因其欠钱不还，已被法院依法拍卖给吴某。在吴某已将该房换过门锁的情况下，周某一家三口又搬进入住，不肯搬出，其行为已构成非法侵入住宅罪。根据《刑法》第 245 条规定，非法侵入他人住宅的，处三年以下有期徒刑或者拘役。同时，根据《刑法修正案（八）》第 11 条规定，法院依法对本案作出了上述判决。

法条链接

《民法通则》第 75 条，《刑法》第 245 条，《刑法修正案（八）》第 11 条

煽动群众打法官　一对夫妻被判刑

经典案例

2004 年 5 月 19 日，某法院执行局依照生效的民事判决书，在执行刘某父母的土地承包合同纠纷一案时，刘某通过村里的广播煽动不明真相的群众进行阻挠和围攻，打砸并试图掀翻车辆长达 15 个小时。同时，刘某伙同妻子宫某对执行法官辱骂殴打，致使一名执行法官受轻微伤，三辆警车受损。

法槌定音

法院经审理认为，被告刘某和宫某夫妇因暴力妨碍法院执行人员执法，其行为已构成妨害公务罪。2005 年 4 月，法院以妨碍公务罪分别判处被告刘某和宫某一年零六个月和两年的有期徒刑。

法律解析

妨害公务罪，是指以暴力、威胁方法阻碍国家机关工作人员依法执行职务，阻碍人民代表大会代表依法执行代表职务，阻碍红十字会工作人员依法履行职责的行为；或者故意阻碍国家安全机关、公安机关依法执行国家安全工作任务，未使用暴力、威胁方法，造成严重后果的行为。本案中，被告刘某和宫某以暴力妨碍法院执行人员执法的行为，已构成妨害公务罪。根据《刑法》第 277 条规定，以暴力、威胁方法阻碍国家机关工作人员依法执行职务的，处三年以下有期徒刑、拘役、管制或者罚金。故法院依法分别判处被告刘某和宫某一年零六个月和两年的有期徒刑。

法条链接

《刑法》第 277 条

非法转让承包地　被判二年又罚款

经典案例

2010年，来柳州务工的陈某、李某、陈某某、莫某等人给曾某的养鸡场打工，曾某将自己承包的一块地皮赠送给其建房。2011年，陈某等人的房子盖好后，曾某向四人每家收取了5000元土地补偿款，共计2万元。后来陈某由于与邻居不和，便提出要卖房子，因为建造房子时没有房产证，所以就让曾某以儿子的名义与购房人签订了一份土地转包协议书，把土地使用权转到了购房人的名下。

2011年，曾某把自家承包的土地进行了“规划”，由于该村部分土地是其他村民的，曾某又想到了通过土地置换的方式将外围的土地与毗邻的土地进行交换，然后将置换来的土地分成13块，以每平方米350元到500元不等的价格进行转包，并在没有办理任何手续的情况下，与他人私下签订合同，共计转包1000多平方米的土地，获利50多万元。经国土资源局认定，这些被转包的土地中大多数为农保地，农保地是不允许进行非农建设行为的。而购买土地的人大多数为外地来柳务工人员，在没有办理任何手续的情况下在土地上建造了房子，这些房子均属于违建房。

2013年6月4日，国土资源局某分局以某村有涉嫌非法买卖土地行为向公安机关报案。同年9月14日，公安机关将曾某抓获归案。2014年6月17日，检察院以曾某涉嫌犯非法转让、倒卖土地使用权罪，向法院提起公诉。庭审中，曾某当庭表示认罪。

法槌定音

法院经审理认为，曾某以牟利为目的，违反土地管理法规，非法转让土地使用权，情节严重，其行为已构成非法转让、倒卖土地使用权罪，由于曾某能如实供述自己的罪行，又是初犯，依法可以从轻处罚。2014年7月，法院以曾某犯非法转让、倒卖土地使用权罪判处其有期徒刑二年，并处罚金5万元，其非法所得50余万元依法予以追缴并上缴国库。

法律解析

非法转让、倒卖土地使用权罪，是指以牟利为目的，违反土地管理法规，非法转让、倒卖土地使用权，情节严重的行为。《土地管理法》第2条第3款规定，任何单位和个人不得侵占、买卖或者以其他形式非法转让土地。本案中，被告曾某以牟利为目的，违反土地管理法规，非法转让土地使用权，其行为已构成非法转让、倒卖土地使用权罪。根据《刑法》第228条规定，应处三年以下有期徒刑或者拘役，并处或者单处非法转让、倒卖土地使用权价额百分之五以上百分之二十以下罚金。故法院依法对本案作出了上述判决。

法条链接

《土地管理法》第2条，《刑法》第228条

无证砍伐承包林　被判徒刑又罚金

经典案例

2013年7月，李某承包栽种的欧美杨树因影响当地村民农业生产等原因，被村民自发砍伐96株扔在原地。李某得知后，在未到林业管理部门办理林木采伐许可证的情况下，又自己组织人员将其承包栽种的211株欧美杨树砍伐，随后将所伐树木销往岳阳某人造板有限公司等处，获木材销售款近3万元。经林业调查设计队鉴定，李某自己组织人员无证砍伐的欧美杨树为211株，采伐蓄积为70立方米，市场行情价值3万余元。

法槌定音

法院经审理认为，被告李某违反《森林法》的规定，滥伐林木，数量较大，其行为已构成滥伐林木罪。鉴于其犯罪后主动投案自首，认罪态度好，有一定的悔罪表现，法院依法从轻处罚。2014年1月，法院以滥伐林木罪，判处李某有期徒刑一年，缓刑一年，并处罚金人民币三千元。

法律解析

《森林法》第 32 条规定，采伐林木必须申请采伐许可证，按许可证的规定进行采伐；农村居民采伐自留地和房前屋后个人所有的零星林木除外。农村居民采伐自留山和个人承包集体的林木，由县级林业主管部门或者其委托的乡、镇人民政府依照有关规定审核发放采伐许可证。由此可见，采伐林木必须申请采伐许可证，并按许可证的规定进行采伐，不能因对林木拥有所有权、使用权而不经有关部门批准擅自进行采伐，否则构成滥伐林木罪，就应当承担相应的法律责任。本案中，被告李某违反法律规定，未经申请批准发放采伐许可证，擅自砍伐林木，且数量较大，其行为已构成滥伐林木罪。根据《刑法修正案（四）》第 7 条第 2 款规定，违反森林法的规定，滥伐森林或者其他林木，数量较大的，处三年以下有期徒刑、拘役或者管制，并处或者单处罚金。同时，根据《刑法修正案（八）》第 11 条规定，故法院依法对本案作出了上述判决。

本案提醒：自己花钱承包栽种的树木，没有许可证也不能乱砍，否则就是犯法，就要受到法律的惩罚。

法条链接

《森林法》第 32 条，《刑法修正案（四）》第 7 条，《刑法修正案（八）》第 11 条

采伐三棵红豆杉　被判徒刑罚三万

经典案例

2007 年 4 月 19 日，曾某、尧某、邓某以每人每天 100 元的工资受人雇请，携带斧头、镰刀、单把锯等工具进入该县“梢竹山”山场，在明知雇请人王某（在逃）指认的树种是国家重点保护植物南方红豆杉的情况下，仍非法采伐，在运下山的公路上被公安机关当场抓获。

法槌定音

法院经审理认为，被告曾某、尧某、邓某非法采伐国家重点保护植物南方红豆杉三株，其行为均已构成非法采伐国家重点保护植物罪，且情节严重。鉴于三被告受他人指使，在共同犯罪中起次要作用，系从犯，遂从轻作出判决。2007 年 7 月 13 日，法院宣判这起非法采伐国家重点保护植物案。被告曾某、尧某、邓某贪图小利，砍伐国家重点保护植物南方红豆杉，分别被判处有期徒刑一年，并处罚金 3 万元。

法律解析

非法采伐国家重点保护植物罪，是指违反国家规定，非法采伐珍贵树木或者国家重点保护的其他植物的行为。红豆杉树种是国家重点保护的南方植物，禁止非法采伐。本案中，三被告非法采伐红豆杉，其行为已构成非法采伐国家重点保护植物罪。根据《刑法修正案（四）》第 6 条规定，违反国家规定，非法采伐、毁坏珍贵树木或者国家重点保护的其他植物的，或者非法收购、运输、加工、出售珍贵树木或者国家重点保护的其他植物及其制品的，处三年以下有期徒刑、拘役或者管制，并处罚金；情节严重的，处三年以上七年以下有期徒刑，并处罚金。故法院依法分别被判处三被告各有期徒刑一年，并处罚金 3 万元。

法条链接

《刑法》第 27 条，《刑法修正案（四）》第 6 条

自称看相会算命　构成诈骗被拘役

经典案例

39 岁的安徽人任某称自己会看面相算命，能够替人消灾。2010 年 6 月 1 日，他在一家工艺品经营部内上班时，恰好碰上一位女客人上门，便称："你这几年运气不好，一直没挣到钱，我给你破破。"随后，女客人在任某的指导下，

在店内一尊佛像前上香，之后任某向其要香火钱，许诺今后替女客人上香，能保她“命就好了”。任某称其他人一般给6300元香火钱，但女客人表示没有那么多钱，后任某的老板用店内POS机刷走了女客人仅有的3300元钱。女客人感觉受了骗，拨打110报警，任某当晚被抓获，并退还了女客人的全部钱款。

法槌定音

2010年10月，法院经审理认定，任某的行为构成诈骗罪，判处拘役四个月。

法律解析

诈骗罪，是指以非法占有为目的，用虚构事实或者隐瞒真相的方法，骗取数额较大的公私财物的行为。在一些城镇的街头巷尾，都能看到有算命先生，自称会看相、会算命，一些迷信的人便前去看相算命，花钱消灾。本案中，被告任某在给女客人算命后，讨要香火钱，刷走了女客人3300元钱，其行为已构成诈骗罪。根据《刑法》第266条规定，诈骗公私财物，数额较大的，处三年以下有期徒刑、拘役或者管制，并处或者单处罚金。故法院依法判处被告任某拘役四个月。

法条链接

《刑法》第266条

借精生子冒富婆　诈骗团伙被判刑

经典案例

2009年，被告张某等人以民政局下属的某婚姻介绍有限公司的名义在山东省某地区发行的非正式报纸上刊登多则情缘交友广告，该报在全国各省均有发行。交友广告内容为：“富婆借精生子，给予百万回报”或“女富商中年丧偶，求子继承千万家业”等，并留有联系电话。当有人打电话咨询时，被告张某就冒充婚姻介绍公司的张主任介绍富婆登记情况，被告刘某、郭某等人就冒充富婆与受害人通话，打消受害人的顾虑，该公司宣称如姻缘能成，则给予受害人 20 万元定金并支付高额酬金，以此为诱饵，同时以服务费、手续费、保险费、公证费、个人所得税、保证金等形式，诱骗受害人向其指定的银行账号内汇款。得手后，将所得赃款按工分配。经查实，该团伙骗取全国各地受害人总计 48.846 万元。归案后，三名被告对犯罪事实供认不讳，且将全部涉案赃款退赔给受害人。

法槌定音

法院经审理认为，三名被告以非法占有为目的，长期发布虚假广告信息，实施诈骗行为，诈骗数额巨大，构成诈骗罪。被告张某、刘某在犯罪活动中相互配合，分工协作，对犯罪的完成起主要作用，系主犯。被告郭某在犯罪活动中作用较小，参与犯罪时间较短，系从犯。2011 年 11 月 28 日，法院作出判决：判处被告张某有期徒刑八年，并处罚金 5 万元；判处被告刘某有期徒刑七年零六个月，并处罚金 5 万元；判处被告郭某有期徒刑三年，缓刑五年，并处罚金 3 万元。

法律解析

行为人诈骗的方法是多种多样的。本案中，三被告刊登的广告内容："富婆借精生子，给予百万回报"及"女富商中年丧偶，求子继承千万家业"等，纯粹是他们故意编造的虚假情况，其富婆也是他们假冒的。他们只不过是以高额回报为诱饵，一旦有人上钩，他们便通过收取服务费、手续费、保险金、公证费、个人所得税、保证金等形式，让其相信这是事实，自觉地将款汇到他们指定的银行账号内，以达到他们占有的目的。根据《刑法》第 266 条规定，诈骗公私财物，数额较大的，处三年以下有期徒刑、拘役或者管制，并处或者单处罚金；数额巨大或者有其他严重情节的，处三年以上十年以下有期徒刑，并处罚金。同时，根据《刑法修正案（八）》第 11 条规定，对于被判处拘役、三年以下有期徒刑的犯罪分子，犯罪情节较轻，有悔罪表现的，可以宣告缓刑。故法院依法对三名被告作出了上述判决。

法条链接

《刑法》第 266 条，《刑法修正案（八）》第 11 条

谎称交钱能释放　冒充亲属骗钱财

经典案例

2011 年 6 月至 2013 年 6 月，胡某先后在广东省、新疆维吾尔自治区等地，利用手机向居住在重庆市潼南县、梁平县、垫江县等地的李某、周某等 62 户居民家中的座机打电话，分别冒充自己是对方的亲属，谎称自己因涉嫌犯罪被公安机关抓获，需要拿钱才能释放。在取得对方信任后，胡某又假扮公安机关执法人员，分别向其提供自己非法获得的银行账户，欺骗对方汇款。胡某骗得李某、周某等 62 人共计 78.3 万元。公安机关在侦查中，追回赃款 55 万元。

法槌定音

法院经审理认为，被告胡某以非法占有为目的，采取虚构事实、隐瞒真相的方法，骗取他人财物数额巨大，其行为已构成诈骗罪。2014 年 2 月，法院以诈骗罪判处被告胡某有期徒刑十年零四个月，并处罚金 3 万元。

法律解析

一些电信诈骗分子为了骗取钱财，用虚构事实的方法进行电信诈骗。本案中，被告胡某冒充自己是对方的亲属，谎称自己因涉嫌犯罪被公安机关抓获，需要拿钱才能释放，骗取钱财，数额巨大，其行为已构成诈骗罪。根据《刑法》第 266 条规定，诈骗公私财物，数额特别巨大或者有其他特别严重情节的，处十年以上有期徒刑或者无期徒刑，并处罚金或者没收财产。故法院依法判处被告胡某有期徒刑十年零四个月，并处罚金 3 万元。

法条链接

《刑法》第 266 条

虚构存款需保护　电信诈骗千余万

经典案例

彭某等被告是一个有91人的诈骗团伙，这91人当中年龄最大的55岁，年龄最小的只有20岁，他们分别来自四川、海南、湖南、福建等多个省、区、市；他们的文化程度为小学、初中；91人中有59人为女性。2011年3月至6月，彭某等91人先后在印度尼西亚、柬埔寨、马来西亚等地参加他人组织的针对内地居民的诈骗组织。该组织冒充内地中国电信部门工作人员或者法院、公安局、检察院等国家机关工作人员，通过电信技术手段向内地不特定多数人群发语音电话、接打电话，虚构被害人名下电话欠费、信用卡透支、身份信息泄露、需要对被害人名下存款进行对账或调查、需要对财产进行加密保护、在法院被诉讼、名下的信用卡涉嫌犯罪、需要对其财产进行公证或保全等事由，诱导被害人进行转账或汇款，造成多名被害人财产损失。公诉机关指控的诈骗数额达1000余万元，但部分数额法院未予认定。

法槌定音

法院经审理认为，彭某等人通过电信技术手段虚构事实骗取他人财物，其行为侵犯了他人财产权利，损害了国家司法机关的声誉及正常工作秩序，已构成诈骗罪。结合各被告的具体犯罪事实、犯罪性质、情节以及对社会的危害程度等因素，2013年2月3日，法院以诈骗罪对彭某等91名被告分别判处8年至1年半不等的有期徒刑，并处8000元至2000元不等的罚金。

法律解析

本案中，该电信诈骗团伙的诈骗手段并不高明，受害人之所以能上当受骗，主要是缺乏防止上当受骗的意识。如果你真的被起诉，我们的司法工作人员是会给你送传票的，绝对不会打电话，更不会用语音群发电话通知你。需要注意的是，如果你一旦上当受骗，一定要及时报警。他们的行为已构成诈骗罪，根据《刑法》第266条规定，诈骗公私财物，数额巨大或者有其他严重情节的，处三年以上十年以下有期徒刑，并处罚金。故法院对彭某等人分别判处了8年至1年半不等的有期徒刑。

法条链接

《刑法》第266条

谎称托人需花费　律师骗钱被判刑

经典案例

被害人范某、曹某之子因涉嫌犯强奸罪于2012年7月1日被宜春市公安局某分局刑事拘留。同年11月，被害人范某通过亲戚认识了自称江西某律师事务所律师的被告张某，并委托被告张某为其子范某某辩护。被告张某自2012年11月至2013年9月17日编造到办案单位找关系、赔偿强奸案被害人以获得谅解减轻处罚等各种理由，多次通过银行汇款及收取现金的方式，骗取被害人范某198150元。被告张某将诈骗所得全部用于个人吃喝、赌博等，导致无法归还。

2008年，宜春某房地产公司与新余市某电器公司产生经济纠纷。经新余市渝水区人民法院判决，宜春某房地产公司需支付新余市某电器公司近150万元，时任宜春某房地产公司法律顾问的被告张某以与对方公司达成分期付款的执行和解协议为由，骗取宜春某房地产公司总经理赵某等人的信任，自2008年11月至2009年12月以支付对方单位欠款为由先后8次从宜春某房地产公司支取80万元占为己有，用于个人挥霍，一直未偿还。

法槌定音

法院经审理认为，被告张某以非法占有为目的，骗取他人财物，共计99.815万元，数额特别巨大，其行为构成诈骗罪。公诉机关指控的罪名成立。被告张某自愿认罪，可酌情从轻处罚。2014年5月，法院以诈骗罪判处被告张某有期徒刑十年零六个月，并处罚金5万元。

法律解析

《律师法》第2条第2款规定，律师应当维护当事人合法权益，维护法律正确实施，维护社会公平正义。而本案中的律师张某，不但不能维护法律的正确实施，维护社会公平正义，反而以非法占有为目的，谎称托关系找人需要花费及与当事单位执行和解付款为由，骗取被代理人和被代理单位近百万元，其行为已构成诈骗罪。根据《刑法》第266条规定，诈骗公私财物，数额特别巨大或者有其他特别严重情节的，处十年以上有期徒刑或者无期徒刑，并处罚金或者没收财产。故法院依法判处被告张某有期徒刑十年零六个月，并处罚金5万元。

法条链接

《律师法》第2条,《刑法》第266条

女子冒充市领导　招摇撞骗判三年

经典案例

从2003年9月至2005年1月，被告王某（女）利用自己曾经在上海组织人事信息报社工作过的经历并持有当时所配发的工作证，向他人谎称自己是上海市委组织部副部长，骗得他人尊重与信任之后，以介绍生意、帮人办理转学等为诱饵，先后向多名托其办事之人索取好处费共计人民币8.8万元。

2005年春节前夕，上海市委组织部因不断收到他人寄给上海市委组织部“王某副部长”的贺卡，向警方报案。同年1月28日，警方将王某抓获。

法槌定音

法院经审理认为，被告王某谎称自己是上海市委领导，为人办事索取好处费的行为已构成招摇撞骗罪。2005年6月29日，法院以招摇撞骗罪判处被告王某有期徒刑三年。

法律解析

招摇撞骗罪，是指以谋取非法利益为目的，冒充国家工作人员招摇撞骗的行为。本案中，被告王某谎称自己是上海市委领导，以帮人办事为诱饵，索取好处费的行为，已构成招摇撞骗罪。根据《刑法》第279条规定，冒充国家工作人员招摇撞骗的，处三年以下有期徒刑、拘役、管制或者剥夺政治权利；情节严重的，处三年以上十年以下有期徒刑。故法院依法判处被告王某有期徒刑三年。

法条链接

《刑法》第279条

虚报面积骗保费　构成保险诈骗罪

经典案例

2013年6月7日，章某与某农业保险公司签订了水稻种植保险，保险标的是其承包的503亩中稻。2013年8月12日，章某向保险公司报案称其种植的中稻全部枯死，要求公司理赔。保险公司依据合同赔偿章某损失99000元，于2014年1月18日通过银行转入章某的一卡通存折。2月27日，保险公司重新核实，发现章某实际种植中稻面积为347.8亩，虚报152.2亩，骗取的保险金数额为30135.6元。4月11日，章某到公安局投案自首，并退还骗取的30136元保险金。

法槌定音

法院经审理认为，章某作为投保人、被保险人，在保险事故发生后，虚报水稻受灾面积，骗取保险金30135.6元，数额较大，其行为已构成保险诈骗罪。因章某有自首情节，且退还了全部违法所得款。2014年6月，法院以章某犯保险诈骗罪，判处有期徒刑一年，缓刑一年，并处罚金18000元。

法律解析

保险诈骗罪，是指投保人、被保险人或者受益人故意虚构保险标的，或者对发生的保险事故编造虚假的原因或者夸大损失程度，或者编造未曾发生的保险事故，或者故意造成被保险人死亡、伤残或者疾病，骗取保险金，数额较大的行为。本案中，被告张某身为村民委员会主任，因承包的水稻受灾，在向保险公司索赔时虚报受灾面积，骗取保险金3万余元，其行为已构成保险诈骗罪。根据《刑法》第198条规定，进行保险诈骗活动，数额较大的，处五年以下有期徒刑或者拘役，并处一万元以上十万元以下罚金。同时，根据《刑法修正案（八）》第11条规定，法院依法对本案作出了上述判决。

法条链接

《刑法》第198条，《刑法修正案（八）》第11条

发财心切盗古墓　被判徒刑并罚金

经典案例

2005年4月至2006年7月，被告杜某伙同吴某等人（均另案处理）先后盗掘6个古墓葬，盗得古瓷碗、花瓶、灯盏、罐子等物品共计11个，销赃得款3.75万元。经浙江省文物鉴定委员会鉴定，上述古墓葬分别为晋代、六朝和东汉时期古墓葬，具有一定历史、科学和艺术价值。

法槌定音

法院经审理认为，被告杜某多次盗掘具有历史、科学、艺术价值的古墓葬，其行为已构成盗掘古墓葬罪。2008年1月14日，法院以盗掘古墓葬罪判处被告杜某有期徒刑十年，并处罚金2万元。

法律解析

盗掘古墓葬罪，是指盗掘具有历史、艺术、科学价值的古墓葬的行为。本案中，被告杜某多次盗掘具有历史、科学、艺术价值的古墓葬，其行为已构成盗掘古墓葬罪。根据《刑法修正案（八）》第45条第3项规定，多次盗掘古文化遗址、古墓葬的，处十年以上有期徒刑或者无期徒刑，并处罚金或者没收财产。故法院依法判处被告杜某有期徒刑十年，并处罚金2万元。

法条链接

《刑法修正案（八）》第45条

十人组成一团伙　专盗农家小石鼓

经典案例

10人组成团伙，分工协作，专门以他人放置门口的石墩、石鼓为目标，屡次得逞。据公诉称，该团伙共作案4起，涉案石墩、石鼓达18件。每次作案均由人专门在霍山、金寨等地寻找目标，负责“踩点”。在确定目标后，即邀约同伙、安排运输车辆，并伺机下手。在得手后，由同一人单线卖出，获得赃款后再分发给参与盗窃的同伙。

该团伙时常对其他财物表示“无兴趣”，专盗农户家旧宅以及祠堂门口放置的石墩、石鼓。目标单一，分工明确，每次作案根据目标大小安排人手。在前后20天内作案4次，涉及8户人家以及一处祠堂门口处放置的石墩、石鼓共计18件。后经有关文物部门、价格部门鉴定，被该团伙盗取的石墩、石鼓全部为国家三级文物，价值达4.9万元。在系列作案两个多月后，公安机关即抓获了5人，其余5人自知难逃法网，便相继投案自首。

法槌定音

法院经审理认为，该团伙十人以非法占有为目的，多次秘密窃取他人财物，数额较大，其行为构成盗窃罪，依法应惩处。综合各被告的犯罪事实及量刑情节，2014年11月，法院对该团伙成员分别判处了六个月至两年二个月不等的刑期，并处5000元至30000元不等的罚金。

法律解析

盗窃罪，是指以非法占有为目的，秘密窃取数额较大的公私财物或者多次盗窃的行为。文物是指历代遗留下来的在文化发展史上有价值的东西，如建筑、碑刻、工具、武器、生活器皿和各种艺术品等。文物藏品分为珍贵文物和一般文物。珍贵文物分为一、二、三级。具有特别重要历史、艺术、科学价值的代表性文物为一级文物；具有重要历史、艺术、科学价值的为二级文物；具有比较重要历史、艺术、科学价值的为三级文物；具有一定历史、艺术、科学价值的为一般文物。本案中，十被告盗取农家门口放置的小石墩、石鼓共计 18 件，全部为国家三级文物，价值达 4.9 万元，其行为已构成盗窃罪。根据《刑法修正案（八）》第 39 条规定，盗窃公私财物，数额较大的，或者多次盗窃、入户盗窃、携带凶器盗窃、扒窃的，处三年以下有期徒刑、拘役或者管制，并处或者单处罚金。故法院依法对本案作出了上述判决。

法条链接

《刑法修正案（八）》第 39 条

驾车出游大草原　顺手牵羊被判刑

经典案例

2014 年 1 月，河北的李某和女友王某开车到草原自驾游，游览时发现公路旁草坡上有一大群牧民散养的绵羊，临时起意，想抓几只拉回家吃，就假借下车拍风景之机，趁放羊人不注意，将两只绵羊塞到轿车后备箱偷走。拉回河北后发现羊肉售价很高，便将羊进行了出售。之后，李某和王某两次回到草原盗窃了 9 只绵羊并进行了销赃。当第四次偷羊时，其被牧民发现并报警，公安机关将其逮捕。经查，李某和王某先后三次共偷羊 11 只，价值 1.64 万元。庭审中，二被告对犯罪事实供认不讳，并表示要积极赔偿被盗牧民的损失，请求法院从轻判决。

法槌定音

法院轻审理认定，二被告的行为构成盗窃罪。2014 年 11 月，法院以盗窃罪判处李某有期徒刑一年零二个月，判处王某有期徒刑一年，并各处罚金 1 万元。

法律解析

顺手牵羊，比喻顺便拿走别人的东西。本案中的被告李某及其女友王某，在驾车出游内蒙古大草原时，趁牧民不注意，先后三次顺手牵羊11只，价值达1.64万元，其行为已构成盗窃罪。根据《刑法修正案（八）》第39条规定，盗窃公私财物，数额较大的，或者多次盗窃、入户盗窃、携带凶器盗窃、扒窃的，处三年以下有期徒刑、拘役或者管制，并处或者单处罚金。故法院依法判处被告李某有期徒刑一年零二个月，判处王某有期徒刑一年，并各处罚金1万元。

法条链接

《刑法修正案（八）》第39条

入户盗得钱虽少　依法照样被判刑

经典案例

2011年12月22日凌晨3时许，被告江某路过被害人姚某家门口时，见大门没锁，遂轻轻推开门来到二楼，趁姚某熟睡之机，窃取姚某裤子口袋里的65元。此时，姚某妻子正好下夜班回到家发现躲在房间内的江某，遂大喊“抓小偷”，江某随即逃跑，却被姚某夫妇堵住，被接警而来的民警抓获。

法槌定音

法院经审理认为，被告江某以非法占有为目的，夜间入户秘密窃取他人财物，不仅侵犯他人财产权还对公民住宅安全形成了威胁，其行为已构成盗窃罪。江某实施盗窃因被害人发现而未得逞，系未遂，可以比照既遂犯从轻或者减轻处罚。2012年5月，法院以盗窃罪判处被告江某管制三个月，并处罚金1000元。

法律解析

《刑法修正案（八）》第39条规定，盗窃公私财物，数额较大的，或者多次盗窃、入户盗窃、携带凶器盗窃、扒窃的，处三年以下有期徒刑、拘役或者管制，并处或者单处罚金。由此可见，入户盗窃、扒窃，不论盗取价值多少，一律追究刑事责任。因此，本案中的江某入户盗窃，虽然盗窃的财产只有65元，没有达到一千元至三千元以上数额较大的标准，仍应追究刑事责任。同时，根据《刑法》第23条规定，对于未遂犯，可比照既遂犯从轻或者减轻处罚。故法院依法判处被告江某管制三个月，并处罚金1000元。

法条链接

《刑法修正案（八）》第39条，《刑法》第23条

盗得财物虽已还　依法仍然被判刑

经典案例

2014年4月3日凌晨，田某、陈某等3人乘坐租车到宁波市区盗窃。三人到某小区后下车，翻爬铁栏围墙进入小区后分开行窃。田某攀爬水管进入住户家中，偷走餐桌上皮夹内现金11800元、西服口袋内现金1200元，一块价值252160元的百达翡丽男士手表、一枚价值12800元的卡地亚戒指，大理石桌上一块价值68625元的积家女式手表和一枚价值27600元的卡地亚钻戒。陈某随机爬到同幢楼的其他住户家中，但没有盗取到任何财物。就在田某准备进入第二户人家行窃时，被人发现，田某招呼陈某和另一人赶紧逃跑。

在回去的路上，田某将所偷财物拿给陈某看，陈某很识货，告诉田某，这些东西价值不菲，抓到会被判很多年，劝他将手表和戒指还回去。当天下午，田某上网查询了手表和戒指价钱，发现盗窃的物品确实价值昂贵，也慌了，于是在次日凌晨返回被盗住户家中，把偷来的手表和戒指丢到洗手间窗台上。时隔20多天，4月25日晚上，田某和陈某在一家KTV包厢内被民警抓获。

法槌定音

法院经审理认为，因田某窃得的财物高达37万余元，且具有入室盗窃的情节，根据《最高人民法院、最高人民检察院关于办理盗窃刑事案件适用法律若干问题的解释》第1条、第6条规定，可以认定其为“其他特别严重情节”。

虽然后来归还了大部分财物，但田某的偷盗过程已经完成，盗窃的金额仍然按照37万余元计，按照法律规定，盗窃公私财物数额特别巨大或者有其他特别严重情节的，处十年以上有期徒刑或者无期徒刑，并处罚金或者没收财产。2014年11月，法院判处田某有期徒刑6年，并处罚金8万元。判处陈某有期徒刑1年，并处罚金1000元。

法律解析

《最高人民法院、最高人民检察院关于办理盗窃刑事案件适用法律若干问题的解释》第1条规定，盗窃公私财物价值一千元至三千元以上、三万元至十万元以上、三十万元至五十万元以上的，应当分别认定为《刑法》第264条规定的“数额较大”“数额巨大”“数额特别巨大”。根据法律规定，数额特别巨大或者有其他特别严重情节的，处十年以上有期徒刑或者无期徒刑，并处罚金或者没收财产。本案中，被告田某虽然在陈某的劝说下，归还了失主大部分财物，但其行为已构成盗窃罪，其盗窃数额属特别巨大，应处十年以上有期徒刑或者无期徒刑。被告陈某未盗取任何财物，还劝说田某归还了大部分财物，但也改变不了其入户盗窃的犯罪事实，同样构成盗窃罪。故法院依法从轻对两被告作出了上述判决。

法条链接

《最高人民法院、最高人民检察院关于办理盗窃刑事案件适用法律若干问题的解释》第1条、第6条,《刑法修正案（八）》第39条

捡到手机不归还　保安被判盗窃罪

经典案例

2012年7月29日，王小姐和老公带着小宝宝一起参观博物馆。走进一个展厅，一家三口蹲在地上看洞穴，看了几分钟，三人起身时发现，王小姐插在口袋里的手机不见了。博物馆监控显示，10点51分，就在王小姐一家蹲在地上时，一个男人快速靠近她身后，从她身后的地上拿了手机快速离开，整个过

程只有几秒钟。王小姐老公拨打手机。手机接通，一个男人接了电话，男人说手机是他在博物馆里捡到的。王小姐老公说，这部手机是他老婆不小心从裤袋里滑出来的，愿意出200元赎回手机。双方讨价还价，价格商定为500元。当天下午两点，双方在汽车西站见面，该男子当场被民警抓获，而这个男人就是博物馆的保安张某。

对此，张某一口咬定自己没有偷东西，手机是捡的。他说，他看到王小姐一家蹲在地上，王小姐脚后跟的位置有一部白色手机。检察官当庭质问："手机就掉在王小姐的脚边，你捡起来时难道就没有意识到这手机有可能就是她掉的吗？为什么连问都没有问一句？"张某支支吾吾小声说，他觉得反正是捡的又不是偷的。

法槌定音

法院经审理认定，张某犯盗窃罪，犯罪事实清楚，证据确凿充分，2013年5月，法院经审理，以盗窃罪判处张某拘役五个月，并处罚金1000元。

法律解析

盗窃罪，是指以非法占有为目的，秘密窃取数额较大的公私财物或者多次盗窃的行为。《民法通则》第79条第2款规定，拾得遗失物、漂流物或者失散的饲养动物，应当归还失主，因此而支出的费用由失主偿还。本案中，被告张某作为该博物馆的一名保安，保护参观者的人身和财物安全是其应尽的职责，捡到参观者遗失的财物应及时寻找失主，并将财物归还失主。然而，当张某看到王小姐的手机掉在其脚边时，不仅没有及时予以提示，反而捡起来迅速逃走，这已符合盗窃罪秘密窃取的特征。况且，在失主拨打电话找上门时还向其要钱，表现了其具有非法占有的故意。由此可见，被告张某的行为已构成盗窃罪。根据《刑法修正案（八）》第39条规定，盗窃公私财物，数额较大的，或者多次盗窃、入户盗窃、携带凶器盗窃、扒窃的，处三年以下有期徒刑、拘役或者管制，并处或者单处罚金。故法院依法判处被告张某拘役五个月，并处罚金1000元。

法条链接

《民法通则》第 79 条,《刑法修正案(八)》第 39 条

女子色诱索财物　男子中计失巨款

经典案例

30 多岁的杨某(女),没有固定工作。2006 年 8 月 8 日,北京市某事业单位干部刘先生在一酒吧独自喝酒。杨某发现后,主动上前接近刘先生。双方攀谈一番后,来到一宾馆内开房休息。

此后半年内,杨某以刘先生对其强奸为名,先后编造了"告诉刘妻""承包工程租用建材需要担保""自己住院治病""做服装生意""找你们单位领导去闹"等理由,勒索刘先生 100 余万元。刘先生担心自己的名誉以及事业前途受牵连,多次向朋友举债,满足了杨某的各种要求。

2006 年 12 月初,杨某通过熟人介绍,认识了另外一名被害人孔先生。当月 28 日,杨某以自己母亲看病缺钱为由,从孔某手中骗走了 6 万元。久借不还后,孔先生发现杨某借钱给母亲看病一事有诈,随即报警。杨某到案后,则顺带交代了之前的敲诈行为。

法槌定音

2007 年 11 月,法院经审理认定,杨某以非法占有为目的,使用威胁方法,勒索他人巨额财物的行为,已经构成敲诈勒索罪。故判处杨某 13 年有期徒刑、罚金 4000 元,并退赔被害人刘先生经济损失 100 万元、孔先生 6 万元。

法律解析

敲诈勒索罪,是指以非法占有为目的,以对被害人实施威胁或者要挟的方法,强索公私财物,数额较大的行为。本案中,被告杨某为了勒索钱财,利用了受害人刘先生好色的弱点,在宾馆内开房休息,从此以刘先生对其强奸为名,先后以各种理由勒索其钱财 100 余万元,其行为已构成敲诈勒索罪。根据《刑

法修正案（八）》第40条规定，敲诈勒索公私财物，数额特别巨大或者有其他特别严重情节的，处十年以上有期徒刑，并处罚金。故法院依法判处被告杨某有期徒刑十三年，并退赔两被害人的经济损失。

法条链接

《刑法修正案（八）》第40条

吃出头发索赔偿　被判敲诈勒索罪

经典案例

2012年夏天的一个中午，35岁的赵某约了3个好友，一起到一家小饭店吃饭。赵某点了200多元的菜后，见老板进了包厢门，赵某将其叫到了桌子旁，并用筷子夹了夹，老板定神一看，原来是菜里有根头发！老板一看，马上道歉并表示这一桌酒菜全免单。赵某向老板提出："给我8000块，这事就这么算了。"一边说他还一边威胁老板："不然我们就砸了你的店，让你在这里开不下去。"看赵某的架势，老板觉得赵某真的很可能砸店，心里未免担心起来。老板找来朋友当中间人替他说说好话。最终，赵某同意以5500元成交。老板向朋友借了4000元后才把赵某送走。赵某等人走后，老板在朋友的提醒下报了警，警方立案。

法槌定音

法院经审理认为，被告赵某有盗窃入狱的前科劣迹，酌情予以从重处罚，但同时被告在庭审中自愿认罪，可予以酌情从轻处罚。2014年1月，法院以敲诈勒索罪判处赵某有期徒刑十个月，并处罚金人民币4000元，赃款予以追缴，并返还被害人。

法律解析

在饭店吃饭吃出头发，的确有些恶心，但也不能因此趁机敲诈钱财。本案中，被告赵某在该饭店吃饭，从菜里挑出一根头发，索要8000元，并威胁老板，不给就砸店，其行为已构成敲诈勒索罪。根据《刑法修正案（八）》第 40 条规定，敲诈勒索公私财物，数额较大或者多次敲诈勒索的，处三年以下有期徒刑、拘役或者管制，并处或者单处罚金。故法院依法判处被告赵某有期徒刑十个月，并处罚金 4000 元，并追缴赃款返还受害人。

法条链接

《刑法修正案（八）》第 40 条

失踪寻人登启事　骗子趁机索钱财

经典案例

2014 年 5 月，郭阿伯因儿子失踪，在当地报纸上刊登了寻人启事。同年 6 月，一名女子给郭阿伯打来电话，说郭阿伯的儿子小郭现在就跟她在一起，并称小郭欠了自己 3000 多元钱未还，郭阿伯必须马上拿钱给她，她可以让郭阿伯父子团聚，如果不替儿子还钱，就不准郭阿伯见儿子。

郭阿伯提出先听听儿子的声音或见见儿子，均被拒绝。郭阿伯起了疑心，表示不肯付钱给该女子。电话里的女人威胁郭阿伯说，小郭就在她的控制之下，如果郭阿伯不给钱，她就砍断小郭的手指，甚至撕票，并且威胁不准郭阿伯报警。此后郭阿伯报警，民警于 6 月 25 日将犯罪嫌疑人胡某抓获。胡某供认，她在偶然看到刊载郭阿伯寻人启事的报纸后，企图利用郭阿伯思子心切的心理敲诈钱财，于是冒充知情人，给郭阿伯打去电话，谎称小郭在其手上。其实她从头到尾根本不认识小郭，更谈不上小郭欠其钱款。

法槌定音

法院经审理认为，被告胡某以非法占有为目的，采用威胁的方法向他人强行索取人民币 3050 元，其行为已构成敲诈勒索罪。鉴于被告胡某犯罪未遂，且胡某归案后如实供述自己的罪行，2014 年 11 月，法院以敲诈勒索罪判处被告胡某拘役五个月。

法律解析

家人失踪，家属焦急，在媒体刊登寻人启事寻求帮助，以求尽快找回失踪的亲人。然而某些心术不正之人，却乘人之危趁机敲诈勒索钱财。本案中，被告胡某，以非法占有为目的，采取威胁的方法向失踪人家属索要3050元，其行为已构成敲诈勒索罪。根据《刑法修正案（八）》第40条规定，敲诈勒索公私财物，数额较大或者多次敲诈勒索的，处三年以下有期徒刑、拘役或者管制，并处或者单处罚金。同时，根据《刑法》第23条规定，对于未遂犯，可以比照既遂犯从轻或者减轻处罚。故法院依法判处被告胡某拘役五个月。

法条链接

《刑法修正案（八）》第40条，《刑法》第23条

名为收取保护费　敲诈勒索卖淫女

经典案例

自2005年年底开始，潘某的哥哥（已判刑）指使马某采用言语威胁或暴力殴打的手段，向卖淫的妇女收取所谓“保护费”，按卖淫女年龄不同，每人每月收取100~150元。2007年8月起，李某参与马某收取“保护费”，两人所收款项大部分交与潘某的哥哥。2009年2月，潘某的哥哥因犯罪在湖北省服刑，潘某继续指使马某与李某收取“保护费”，直至2010年1月马某被抓获。自2005年年底至案发，马某单独或伙同李某累计收取8名卖淫女“保护费”24400余元。其中潘某参与收取10400余元，李某参与收取14000余元。

法槌定音

法院经审理认为，潘某指使，马某、李某受他人指使，单独或共同采用暴力、胁迫的手段勒索他人财物，价值24400余元，数额巨大，其行为构成敲诈勒索罪。潘某、马某系在缓刑考验期限内犯新罪，依法应撤销缓刑，前后罪并罚；李某于刑满释放后五年内再犯新罪，属累犯。综合上述犯罪情节，2011年

12月，法院作出终审裁定，驳回3人的上诉，维持一审判决。潘某、马某在缓刑考验期间又犯敲诈勒索罪，被撤销缓刑，分别被判处有期徒刑四年、三年零六个月。李某刑满释放后五年内又犯敲诈勒索罪，被判处有期徒刑三年。

法律解析

敲诈勒索罪，是指以非法占有为目的，以对被害人实施威胁或者要挟的方法，强索公私财物，数额较大的行为。大千世界，无奇不有。本案中，被告马某、李某采取黑吃黑的方法，趁卖淫女不敢报案之机，以收取保护费名义敲诈卖淫女，且数额巨大，其行为已构成敲诈勒索罪。根据《刑法修正案（八）》第40条规定，敲诈勒索公私财物，数额较大或者多次敲诈勒索的，处三年以下有期徒刑、拘役或者管制，并处或者单处罚金。同时，根据《刑法》第65条、第77条规定，法院依法对本案作出了上述判决。

法条链接

《刑法修正案（八）》第40条，《刑法》第65条、第77条

货车中途出事故　村民哄抢被判刑

经典案例

2012年8月7日凌晨2时许，个体司机黄某驾驶大货车与另一司乘人员李某运载某公司净重67.8吨硅锰合金产品在途经省道316线广西靖西县湖润镇三叠岭路段时，车辆失控冲出路外碰撞山体后翻车，并起火燃烧。黄某及李某当场死亡，所运载的硅锰合金产品也散落在公路路面及两侧。村民何某（已判刑）纠集村民被告何甲、何乙、林某、刘某等人将散落的硅锰合金拣成堆，后用车运走出售。案发后，何甲、何乙、林某、刘某主动到公安机关投案。经鉴定，被四人与同伙所哄抢的5.94吨硅锰合金价值36115.20元。

法槌定音

法院经审理认为，四被告积极参与哄抢因车祸散落在公路边的他人财物，

数额较大，其行为已构成聚众哄抢罪。2014 年 10 月，法院分别判处四被告有期徒刑二年，缓刑三年，并处罚金 3000 元。

法律解析

聚众哄抢罪，是指以非法占有为目的，聚集多人公然夺取公私财物，数额较大或者情节严重的行为。《民法通则》第 75 条第 2 款规定，公民的合法财产应受法律保护，禁止任何组织或个人侵占、哄抢破坏和非法查封、扣押、冻结、没收。本案中，四被告与附近村民一同将该车祸散落在公路边的他人财物哄抢一空，其行为已构成聚众哄抢罪。根据《刑法》第 268 条规定，聚众哄抢公私财物，数额较大或者有其他严重情节的，对首要分子和积极参加的，处三年以下有期徒刑、拘役或者管制，并处罚金。同时，根据《刑法修正案（八）》第 11 条规定，故法院依法分别判处四被告有期徒刑二年，缓刑三年。

法条链接

《民法通则》第 75 条，《刑法》第 268 条，《刑法修正案（八）》第 11 条

抢夺项链送女友　被判徒刑八个月

经典案例

2012 年 9 月，林某想给过生日的女友送个礼物表达情意，无奈囊中羞涩，便起了歹念。林某骑电动车到邻村女子陈某开设的珠宝店内，挑选了一条重 18.24 克、价值 6700 多元的金项链，并向店主陈某要求先拿走项链，再去取款付款，并留下电话号码作保，遭到陈某拒绝。林某便趁陈某不注意拿着金项链迅速走至店外并骑车离开。事后陈某打听到林某住址，上门向林某的亲属索要金项链并报案。林某从女友处取回金项链，归还给了陈某。此后林某逃避公安机关抓捕，直到 2015 年 1 月才被缉拿归案。

法槌定音

法院经审理认为，林某以非法占有为目的，趁人不备公然夺取他人财

物，数额较大，已构成抢夺罪。鉴于林某已主动将赃物归还被害人，可予以酌情从轻处罚，2015 年 8 月，法院审结此案，依法判处被告林某有期徒刑八个月。

法律解析

抢夺罪，是指以非法占有为目的，公开夺取数额较大的行为。本案中，被告林某没钱给女友买生日礼物，到商店抢夺金项链的行为，已构成抢夺罪。根据《刑法修正案（九）》第 20 条规定，抢夺公私财物，数额较大的，或者多次抢夺的，处三年以下有期徒刑、拘役或者管制，并处或者单处罚金。故法院依法判处林某有期徒刑八个月。

法条链接

《刑法修正案（九）》第 20 条

抢包被追晕倒地　分文未得判七年

经典案例

2006 年 9 月 29 日下午，张某在某超市门口，见孙某手提拎包从对面一家银行出来，便冲上前去，抢得孙某手中的拎包后夺路而逃。孙某随即呼救，群众奋力追赶，张某遂把包扔在路边。跑出十几米，张某因过度紧张，双脚一软晕倒在地，被群众当场抓获。经清点，被害人孙某拎包内有现金 4.6 万余元及手机两部等物品。

法槌定音

法院经审理认为，被告张某以非法占有为目的，趁人不备夺取公民财物，数额特别巨大，已构成抢夺罪，应处十年以上有期徒刑，并处罚金。鉴于其犯罪未遂，可以比照既遂犯减轻处罚。2007 年 1 月 22 日，被告张某被法院以抢夺罪判处有期徒刑七年，并处罚金 2 万元。

法律解析

本案中，被告张某守候在银行对面，专等从银行拎包出来的人，对其进行抢夺，由于孙某被抢夺时大声呼救，群众奋力追赶，将被告张某抓获，孙某的巨款才失而复得。被告虽然犯罪未遂，但已构成抢夺罪。根据《刑法修正案（九）》第20条规定，抢夺公私财物，数额特别巨大或者有其他特别严重情节的，处十年以上有期徒刑或者无期徒刑，并处罚金或者没收财产。同时，根据《刑法》第23条规定，已经着手实行犯罪，由于犯罪分子意志以外的原因而未得逞的，是犯罪未遂。对于未遂犯，可以比照既遂犯从轻或者减轻处罚。故法院依法判处被告张某有期徒刑七年，并处罚金2万元。

法条链接

《刑法修正案（九）》第20条，《刑法》第23条

少年抢劫为上网　被判六年罚六千

经典案例

17岁辍学少年曹某沉迷于网络，因没钱上网，于2012年9月6日至9月25日，六次伙同李某（另案处理）租乘摩的到偏远处，持刀抢劫摩的司机，每次抢钱50元至200元不等。2012年9月25日，曹某抢劫摩的司机时，被公安民警当场抓获。法院在审理该案前，曾对曹某进行社会调查，发现曹某本质不坏，因父母疏于管教，结交不良朋友，最后辍学，加之沉迷网络，才逐渐走上了犯罪的道路。

法槌定音

法院经审理认为，被告曹某以非法占有为目的，多次伙同他人以暴力相威胁劫取他人财物，其行为已构成抢劫罪。鉴于曹某犯罪时系未成年人，到案后如实供述犯罪事实，且退还了全部赃款。2013年8月，法院以抢劫罪判处曹某有期徒刑六年，并处罚金人民币6000元。

法律解析

抢劫罪，是指以非法占有为目的，以暴力、胁迫或者其他方法使他人不能抗拒，强行将公私财物抢走的行为。本案中，被告少年曹某为上网多次伙同他人以暴力相威胁劫取他人财物，其行为已构成抢劫罪。根据《刑法》第263条规定，以暴力、胁迫多次抢劫的，处十年以上有期徒刑、无期徒刑或者死刑，并处罚金或者没收财产。同时，根据《刑法》第17条第3款规定，已满十四周岁不满十八周岁的人犯罪，应当从轻或者减轻处罚。故法院依法判处被告曹某有期徒刑六年，并处罚金人民币6000元。

法条链接

《刑法》第17条、第263条

抢劫银行运钞车　杀害押钞保安员

经典案例

被告郑某原是某保安公司的押钞员。2006年12月23日下午，被告郑某携带背包与调款员林某、蔡某及押钞员吴某乘坐由被害人林某某驾驶的运钞车，到秀屿区某银行各网点收款。当车返回至城厢区荔园大道霞林办事处坂头路段时，坐在副驾驶座上的被告郑某编造借口，骗司机林某某靠路右侧停车后，突然用持押钞用的防暴霰弹枪对准后排中间座位上的押钞员吴某，要求其放下手中的防暴枪，并呵斥大家不要动。该行为立即遭被害人林某某制止，被告郑某即开枪射击林某某，致其死亡。调款员蔡某打开车门，与被害人吴某、调款员林某相继下车。调款员蔡某、林某跑向公路对面报警，被害人吴某往车后跑至离车约20米处。被告郑某也随即下车，因害怕被害人吴某持枪防卫，就又举枪朝被害人吴某射击，致其前额中弹后倒地。之后，被告郑某返回运钞车上，持钳子撬开运钞车上提款箱的锁，劫取其中现金236250元后逃走。次日凌晨，被告郑某在泉州被抓获归案，作案工具及赃款被当场缴获。被害人吴某抢救无效，于12月25日死亡。

法槌定音

法院经审理认为，被告郑某以非法占有运钞车上的现金为目的，抢劫运钞车，致二人死亡，抢劫数额巨大。其犯罪动机卑劣，犯罪手段特别残忍，后果特别严重，属罪行极其严重的罪犯，应依法予以严惩。法院以抢劫罪当庭判处被告郑某死刑，剥夺政治权利终身，并处没收个人全部财产。

法律解析

本案中，被告郑某以非法占有为目的，抢劫运钞车，致二人死亡，抢劫数额巨大，其行为已构成抢劫罪，且其犯罪手段特别残忍，后果特别严重，依法应予严惩。根据《刑法》第263条第3项、第4项规定，抢劫银行或者其他金融机构的，抢劫数额巨大的，处十年以上有期徒刑、无期徒刑或者死刑，并处罚金或者没收财产。故法院依法判处被告郑某死刑，剥夺政治权利终身，并处没收个人全部财产。

法条链接

《刑法》第57条、第263条

小偷盗窃被抓住　咬人被判抢劫罪

经典案例

2011年12月4日，45岁的左某和同乡徐某骑车来到武汉市舵落口大市场盗窃。看到20区一家门店里只有一个女老板在，徐某假装买门，跟老板章女士谈价钱，左某则溜进章女士的办公室拎走一个手提包（包内财物价值近两万元）。他刚出门，就被章女士发觉。章女士边追边喊，来市场买东西的市民项先生奋力追了出去。两人几度纠缠，项先生终于在浙江永康商会门口把左某死死抓住。左某见脱不了身，狠狠咬了项先生的手。但是项先生不仅未松手，反而抱住他。围观的人把左某控制住，打了110报警。

法槌定音

法院审理此案后，认为左某在盗窃巨额财物时，为抗拒抓捕采取暴力手段，已构成抢劫罪，遂判处有期徒刑 10 年。左某认为量刑过重，提起上诉。2012 年 12 月，二审法院裁决维持一审法院的判决。

法律解析

盗窃罪，是指以非法占有为目的，秘密窃取数额较大的公私财物或者多次盗窃的行为。抢劫罪，是指以非法占有为目的，以暴力、胁迫或者其他方法使他人不能抗拒，强行将公私财物抢走的行为。本案中，被告左某由于在被抓捕时咬人，抗拒抓捕，根据《刑法》第 269 条规定，案件的性质就由盗窃转为抢劫，构成抢劫罪。故法院依法判处被告左某有期徒刑十年。

法条链接

《刑法》第 263 条、第 269 条

入户抢劫十六元　依法最低判十年

经典案例

2010 年 8 月，大学毕业的阳某寄居在长沙某小区的朋友家。8 月 20 日，阳某跟踪小区的赵某，冒充物业人员，以查房屋漏水为由，进入了赵某房间。阳某持刀威胁，抢走赵某 16 元钱后逃离。12 月 9 日，此案开庭审理。在法庭上，阳某说去抢劫是因为不想向家里要钱，所以才误入歧途的。检察官认为阳某涉嫌抢劫罪，因是入户抢劫，建议法院判处 10 年零 2 个月。而当听到检察官的建议，前来旁听的市民张大嘴巴："不会判这么重吧？""太重了""只抢这么一点，教育一下算了"……

法槌定音

2010 年 12 月，法院宣判阳某抢劫罪名成立，判处有期徒刑 10 年，并处罚金1万元。听到判决，居民纷纷表示不解，说希望给这孩子一个改过自新的机会。法院经审理认为，阳某所犯的是入户抢劫，根据《刑法》是要重判的，量刑起点就是10年，不管是抢了1元，还是更多。

法律解析

入户抢劫判10年是最低量刑。《刑法》第263条规定，以暴力、胁迫或者其他方法抢劫公私财物的，处三年以上十年以下有期徒刑，并处罚金。对入户抢劫的；在公共交通工具上抢劫的；抢劫银行或者其他金融机构的；多次抢劫或者抢劫数额巨大的；抢劫致人重伤、死亡的；冒充军警人员抢劫的；持枪抢劫的；抢劫军用物资或者抢险、救灾、救济物资的，处十年以上有期徒刑、无期徒刑或者死刑，并处罚金或者没收财产。因此，尽管阳某只抢了16元，因系入户抢劫，故法院依法判处阳某有期徒刑十年。

本案提醒广大公民：务必要引以为戒，做到尊法、学法、守法、用法，以避免类似不法行为的发生。

法条链接

《刑法》第263条

非洲抢劫同乡钱　回国判刑又罚款

经典案例

马某近年来一直在塞内加尔首都达喀尔经商。2006年11月29日12时许，马某因不满同在达喀尔经商的女同胞姬某催其还钱，便以还钱为借口，将被害人姬某带到马某姐姐在塞内加尔首都达喀尔的住处，捆绑、殴打被害人姬某，时间长达6小时。后马某又以将被害人扔进大西洋相威胁要求被害人姬某拿出2万欧元（折合人民币206000元），并一直跟随到被害人姬某住处，将钱取走。我国警方根据受害人姬某报案，经过侦查，于2009年7月14日，在马某回国时将其刑事拘留。

法槌定音

法院经审理认为，被告马某采取暴力、胁迫方法向他人索要钱财，虽然地点发生了一定的转换，但暴力威胁造成的强制一直在延续，故应认定为当场劫取，且数额巨大，其行为已构成抢劫罪。2010年6月，法院依照《刑法》第263条的规定，以抢劫罪判处马某有期徒刑十四年，并处罚金10万元。

法律解析

本案中，被告马某虽然是在异国他乡抢劫同乡的钱，但其行为已构成抢劫罪，回国后仍应受到惩罚。根据《刑法》第263条第4项规定，多次抢劫或者抢劫数额巨大的，处十年以上有期徒刑、无期徒刑或者死刑，并处罚金或者没收财产。故法院依法判处被告马某有期徒刑十四年，并处罚金10万元。

法条链接

《刑法》第263条

携刀准备行抢劫　未动手脚亦获刑

经典案例

1980年出生的张某和妻子伍某同在临海打工，租住在临海市，由于两人文化程度不高，已经失业在家两个多月了。半个月前，22岁的老乡赵某来到临海，为了节省开支，住在张某的客厅里。同住一个屋檐下的三人无聊时，经常去一家棋牌室打牌。

2010年6月29日晚，张某、伍某夫妇和赵某一起吃完夜宵回到出租屋后，张某叫上赵某准备通宵上网。伍某不同意并与张某争吵。此时的张某手头只剩下不到两千元钱，而眼看着马上又要交房租了，刚被妻子埋怨没有工作的他和赵某商量后，决定一起去两人经常打牌的棋牌室，抢点钱来花。

张某腰揣一把砍刀，和赵某徒步走在去往棋牌室的路上时，已经是30日凌晨两点。从未干过抢劫的张某和赵某此时显得有些害怕和犹豫，但是两人却没有放弃持刀抢劫的念头，此时，正在巡逻的民警发现两人形迹可疑，便上前盘问。心虚的张某慌忙将腰间的砍刀扔到旁边的草丛中，却被眼尖的巡逻民警发现，及时将两人抓获，两人如实交代了持刀预谋抢劫的犯罪事实。

法槌定音

法院经审理认为，被告张某和赵某为了以暴力、胁迫等方法抢劫公私财物，准备工具、制造条件，其行为已构成抢劫罪，但未实施抢劫行为即被抓获系犯罪预备，犯罪事实清楚，证据确实充分，应当以抢劫罪追究其刑事责任。被告张某、赵某属于预备犯，可以比照既遂犯从轻或减轻处罚，且鉴于两被告当庭自愿认罪等情节，可予以减轻处罚。2010 年 12 月，法院以抢劫罪判处被告张某有期徒刑六个月、判处被告赵某拘役六个月，并各处罚金人民币一千元。他们终于明白，为犯罪准备好工具但尚未着手实施的抢劫也是要判刑的。

法律解析

为了犯罪，准备工具、制造条件的，是犯罪预备。本案中，被告张某和赵某的行为，虽然系犯罪预备，但其行为已构成抢劫罪。根据《刑法》第 263 条规定，以暴力、胁迫或者其他方法抢劫财物的，处三年以上十年以下有期徒刑，并处罚金。同时，根据《刑法》第 22 条第 2 款规定，对于预备犯罪，可以比照既遂犯从轻、减轻处罚或者免除处罚。故法院依法判处被告张某有期徒刑六个月，判处被告赵某拘役六个月，并各处罚金人民币一千元。

法条链接

《刑法》第 22 条、第 263 条

烟头扔在草地上　导致森林起大火

经典案例

2003 年 5 月 20 日，罗某在播种过程中，因链轨车发生故障，返回地营子。途中，他在四轮车上吸烟，将没有掐灭的烟头随手扔在路边的草地上，引燃荒草后酿成重大森林火灾。经核实，火灾总过火面积达1600公顷，其中有林地面积980公顷，造成直接和间接损失共计400多万元。

法槌定音

法院经审理认为，被告因为随手扔掉一个烟头引发森林火灾，其行为已构成失火罪。2003年5月，肇事者罗某以失火罪被法院判处有期徒刑七年。

法律解析

失火罪，是指行为人因过失而引起火灾，造成严重后果，危害公共安全的行为。本案中，被告罗某因将没有掐灭的烟头随手扔在路边的草地上，酿成森林大火，造成巨大经济损失，其行为已构成失火罪。根据《刑法》第115条第2款规定，过失犯前款罪的，处三年以上七年以下有期徒刑；情节较轻的，处三年以下有期徒刑或者拘役。故法院依法判处被告罗某有期徒刑七年。

法条链接

《刑法》第115条

烧草引发森林火　夫妻逃跑双获刑

经典案例

2004年2月15日下午，谢某、丘某夫妇带着4岁的女儿到自家承包的责任田锄草。因杂草过多，谢某从丈夫的衣服口袋里取出打火机点燃田埂杂草，从而引起森林火灾，烧毁森林面积246亩，造成直接经济损失4.98万元。山火扑灭后，二人因害怕没有回家。第二天早上，丘某才用摩托车载着谢某到车站，二人共同乘车逃往某市一家工艺厂打工。2006年10月14日，两人被抓获归案。

法槌定音

法院经审理认为，被告谢某、丘某的行为分别构成失火罪、窝藏罪。2006

年12月15日，法院以失火罪判处被告谢某有期徒刑三年；以窝藏罪判处被告丘某有期徒刑一年零六个月，缓刑一年零六个月。

法律解析

本案中，谢某、丘某夫妇在自家承包的责任田锄草，是妻子谢某从丈夫丘某的衣服口袋里取出打火机点燃杂草而引起的森林火灾。直接责任人是谢某，其行为已构成失火罪。根据《刑法》第115条第2款规定，过失犯前款罪的，处三年以上七年以下有期徒刑；情节较轻的，处三年以下有期徒刑或者拘役。本案应该是属于情节较轻的，应当从轻处罚。但由于谢某同丈夫丘某共同逃往外地打工，躲避惩罚，加重了犯罪的情节，故法院判处谢某有期徒刑三年。烧杂草虽然是丘某的妻子谢某所致，但丘某带着妻子谢某逃往外地打工，窝藏了妻子谢某，其行为构成窝藏罪。根据《刑法》第310条规定，明知是犯罪的人而为其提供隐藏处所、财物，帮助其逃匿或者作假证明包庇的，处三年以下有期徒刑、拘役或者管制。同时，根据《刑法修正案（八）》第11条规定，法院依法对丘某判处有期徒刑一年零六个月，缓刑一年零六个月。

法条链接

《刑法》第115条、第310条，《刑法修正案（八）》第11条

墓园祭祀燃杂草　酿成火灾被判刑

经典案例

2008年3月16日10时许，被告黄某与女儿、女婿、外孙一共8人去祭拜其妻孙氏。到达墓地后，黄某先清除墓前杂草，接着在墓前用打火机点燃蜡烛、香。后因蜡烛火苗引起周围杂草燃烧，黄某及其女儿、女婿便立即进行扑救，因火势迅速蔓延，无法控制而酿成森林火灾。经林业局现场勘察，森林火灾造成过火面积47公顷，烧毁林木蓄积380立方米、幼林31320株，造成经济损失12.4万元。

法槌定音

法院经审理后认为，被告黄某在野外用火时应当预见自己的行为可能引发火灾，却轻信能够避免，以致发生森林火灾，危害公共安全，并使公共财产遭受重大损失，其行为已构成失火罪。被告黄某案发后能积极参与扑救山火，犯罪情节较轻，且能坦白交代罪行，有悔罪表现，可从轻处罚。2008 年 4 月，法院公开开庭审理这起失火案并当庭宣判。最终认定被告黄某犯失火罪，判处有期徒刑六个月。

法律解析

人们到墓园祭祀，点蜡烛或者冥钞等，也容易引燃杂草，酿成森林大火。本案中，被告黄某带着女儿、女婿、外孙等，到墓园祭拜其妻，因点燃蜡烛引起周围杂草燃烧，酿成了森林大火，其行为构成失火罪。根据《刑法》第 115 条第 2 款规定，过失犯前款罪的，处三年以上七年以下有期徒刑；情节较轻的，处三年以下有期徒刑或者拘役。同时，根据被告的悔罪表现，法院最终依法判决被告黄某有期徒刑六个月。

法条链接

《刑法》第 115 条

登山迷路放信号　引发火灾判三年

经典案例

2007 年 5 月 30 日，被告刘某到平邑县蒙山旅游，在其行至蒙山南天门沟山脊时迷路。为了引起山下人注意，刘某遂用随身携带的打火机点燃山上的树枝及杂草，结果引起蒙山森林火灾，过火面积 0.142746 公顷，过火树木 200 余棵。

法槌定音

法院经审理认为，被告刘某为达到解救其下山的目的，在林区故意放火，引起火灾，造成了一定的经济损失，危害了公共安全，其行为构成放火罪，应依法追究刑事责任。2007 年 11 月，法院以放火罪判处被告刘某有期徒刑三年。

法律解析

本案中，被告刘某因迷路为求助放火并无过错，但其以危险方法危害了公共安全，引发了火灾，给国家财产造成了一定的经济损失，存在重大过错，其行为已构成放火罪。根据《刑法修正案（三）》第 1 条规定，放火尚未造成严重后果的，处三年以上十年以下有期徒刑。故法院依法判处被告刘某有期徒刑三年。

法条链接

《刑法修正案（三）》第 1 条

邻居粪便侮辱人　被判拘役四个月

经典案例

原告郝某某是被告郝某的邻居。此前，两家因宅基地纠纷已生宿怨。2004 年 8 月 13 日上午 6 时许，自诉人认为被告的建筑材料及建筑垃圾堆放在自诉人的宅基地上，遂予阻止，与被告郝某父子发生冲突并相互辱骂，被人拉开后，被告郝某跑到附近厕所里挖了一把粪便，抹在原告的脸上和身上。

法槌定音

法院经审理认为，郝某未能正确处理相邻关系，公然以粪便侮辱他人，情节恶劣，其行为显已构成侮辱罪。2004 年 11 月，法院审结了这起侮辱案件，判处被告郝某侮辱罪，拘役四个月。

法律解析

拘役，是短期剥夺犯人的自由，就近实行劳动的刑罚方法。侮辱罪，是指以暴力或者其他方法公然贬低、损害他人的人格、名誉，情节严重的行为。《民法通则》第83条规定，不动产的相邻各方，应当按照有利生产、方便生活、团结互助、公平合理的精神，正确处理截水、排水、通行、通风、采光等方面的相邻关系。给相邻方造成妨碍或者损失的，应当停止损害，排除妨碍，赔偿损失。根据《刑法》第246条规定，以暴力或者其他方法公然侮辱他人情节严重的，处三年以下有期徒刑、拘役、管制或者剥夺政治权利。本案中，被告郝某未能正确处理相邻关系，竟用粪便侮辱他人，情节恶劣，其行为已构成侮辱罪。故法院依法判处被告郝某拘役四个月。

法条链接

《民法通则》第83条，《刑法》第246条

邻居盖房高于己　出手伤人被管制

经典案例

2006年8月，黄某家盖房，其邻居吴某因迷信他人住房不能高于自家住房，便跑到黄某家院内，要求黄某盖房不能超过其住房高度。因言语不和，双方随即发生激烈冲突，两家亲属亦先后卷入此次纠纷，吴某的亲属董某将黄某鼻骨打成骨折，经鉴定，黄某达到十级伤残，花去医疗费等2.1万元。

法槌定音

法院经审理认为，被告董某故意伤害他人身体造成轻伤，符合故意伤害罪的构成要件。鉴于董某平时表现较好，此次只是一时气愤伤人，且自诉人黄某于案发前先动手伤害被告亲属等原因，法院遂依法从轻作出判决。2007年1月，法院判处董某管制一年，并赔偿他人医疗、误工费用2.1万余元。

法律解析

管制，是指对罪犯不予关押，但限制其一定自由，由公安机关执行和群众监督改造的刑罚方法。本案中，吴某因迷信他人住房不能高于自家住房，与原告黄某发生冲突，吴某的亲属董某将黄某鼻骨打成伤残，其行为已构成故意伤

害罪。根据《刑法》第234条规定，故意伤害他人身体的，处三年以下有期徒刑、拘役或者管制。结合本案实际，故法院依法判处被告黄某管制一年，并赔偿黄某损失2.1万余元。

法条链接

《民法通则》第83条、第119条，《刑法》第36条、第234条

健身扰邻不认错　举刀伤人被判刑

经典案例

李某和胡某是上下楼的邻居。2015年1月22日21时许，楼下的胡某及其妻子刘某因楼上有跑步机的声音吵醒了正在睡觉的儿子，于是敲开了楼上李某的家门。李某坚持认为，自己在家中健身并无错误，倒是胡某无故生事扰乱了自己的生活。双方为此发生争执、吵骂，继而厮打。其间，李某随手拿起一把菜刀砍向胡某的头部及胡某妻子的右手。事发后李某却称："当时就是一时心急，随手拿了样东西，后来才知道是一把刀。"

经鉴定，胡某的头部、刘某的右手损伤程度均已构成轻伤。2015年4月9日，公诉机关指控李某犯故意伤害罪而向法院提起公诉。4月13日，被害人胡某、刘某向法院提起刑事附带民事诉讼，要求李某赔偿二人各项经济损失共计人民币21万余元。4月26日，经法院主持调解，李某之母与胡某夫妇二人达成赔偿协议，并一次性赔偿二人各项经济损失共计人民币15万元（含前期垫付的医疗费2万元）。

法槌定音

法院经审理认为，被告的行为已构成故意伤害罪。2015年6月，法院以故意伤害罪判处李某有期徒刑六个月。

法律解析

故意伤害罪，是指故意非法伤害他人身体的行为。《民法通则》第83条规

定，不动产的相邻各方，应当按照有利生产、方便生活、团结互助、公平合理的精神，正确处理截水、排水、通行、通风、采光等方面的相邻关系。给相邻方造成妨碍或者损失的，应当停止侵害，排除妨碍，赔偿损失。本案中，被告李某与胡某是上下楼的邻居，本应和睦相处、团结互助、方便生活，而李某在健身运动时却不顾邻里关系，影响胡某家人休息，不仅不赔礼道歉，反而还倒打一耙，大打出手，用菜刀将胡某夫妇砍成伤残，其行为已构成故意伤害罪。根据《刑法》第 234 条规定，故意伤害他人身体的，处三年以下有期徒刑、拘役或者管制。故法院依法判处被告李某有期徒刑六个月，并赔偿胡某夫妇经济损失 15 万元。

法条链接

《民法通则》第 83 条，《刑法》第 234 条

邻里有隙施报复　制造爆炸死八人

经典案例

被告胡某因为被怀疑与邻居李某有奸情，而多次遭到李某的妻子何某辱骂。此事导致她与丈夫李某某关系不和而闹离婚。胡某夫妇为此对何某怀恨在心。在曾经的一次纠纷中，李某某将李某打伤，被起诉到法院后，邻居李甲一家作了有利于李某的证言，使李某某败了官司。胡家从此对李某、李甲两家更添仇恨。2004 年，按照李某某授意，胡某多次利用夜深无人之机到自家屋后的烟花工厂偷得军工硝、亮珠等火药 100 余斤，并于 12 月的一个凌晨，将火药放至李甲、李某两家，点燃引线后逃离现场，酿成 8 人死亡、李甲家房屋全部炸毁的惨剧。案情发生后，公安部门迅速组织力量进行侦查，案件很快告破。

2005 年 5 月 24 日，法院开庭审理此案，法庭上，胡某夫妇对犯罪事实供认不讳，但没有悔意。

法槌定音

2005 年 5 月 30 日，法院认定被告胡某、李某某犯爆炸罪。2005 年 6 月，

被告胡某和李某某被依法判处死刑。

法律解析

爆炸罪，是指故意使用爆炸的方法危害公共安全的行为。本案中，被告胡某因为被怀疑与邻居李某有奸情，遭到李某妻子何某辱骂，导致她与丈夫李某某离婚，后又因纠纷与李某打官司败诉，便怀恨在心，进行报复，用炸药将李甲、李某两家八人炸死，其行为已构成爆炸罪。根据《刑法修正案（三）》第2条规定，放火、决水、爆炸以及投放毒害性、放射性、传染病病原体等物质或者以其他危险方法致人重伤、死亡或者使公私财产遭受重大损失的，处十年以上有期徒刑、无期徒刑或者死刑。故法院依法判处被告胡某和李某某死刑。

法条链接

《刑法修正案（三）》第2条

十二、法律小常识

打官司要学会收集证据

在日常生活中，很多人由于不知道、不重视对行为证据的收集，等到纠纷发生时，因为没有证据，往往不能起诉，使自己的财产和精神遭受损失而得不到法律保护。

如某农机公司职工孙某、赵某合伙承包了公司的一个门市部，孙某为负责人，开始彼此互相信任，业务做得非常红火。一天门市部准备进货，孙某让赵某去银行取 15000 元，赵某取钱后就交给孙某，双方没有留下字据。事后发生纠纷，孙某向法院起诉主张自己的权利，因赵某不能提供证据证明自己将钱给了孙某，故法院对孙某的请求予以支持。赵某追悔莫及，悔不该当时怎么没让孙某出具收条。

证据作为司法机关裁判案件的依据，应具有客观性、关联性和合法性，平时要注意收集、保存自身权利有关的、真实的、合法的原本、原件。购物时，应索要发票、保修单据；乘车时，应当索要车票；借贷时，应出具借条，并由本人签名或盖章；上医院时要收集好病例、医疗药费单据等。如果你平时注意保存证据，一旦发生纠纷，就可以拿起法律武器，为自己讨回公道。

哪些事实无须举证

根据我国《民事诉讼法》的规定，当事人对自己提出的主张负有举证责任，当提起民事诉讼（即俗称打官司）后，如果举证不力或举证不充分，其主张不能得到证明，诉讼请求就不能得到满足，难以实现获得法律保护的目的。根据有关司法解释，对于下列事实，当事人无须举证：

1. 一方当事人对另一方当事人陈述的案件事实和提出的诉讼请求，明示承担的（也称相对一方当事人的自认）；

2. 众所周知的事实和自然规律及定律（例如一周有七天，一年分为春、夏、秋、冬四季，等等）；

3. 根据法律规定或已知事实，能推定出的另一事实；

4. 已为人民法院发生法律效力的裁判确认的事实；

5. 已为有效公证文书所证明的事实。

需要指出的是，上述情况仅是作为免除当事人举证责任的一般规则，人民法院在审理具体案件时，如认为还需要当事人举证的，不受上述规则限制。此外，根据《民事诉讼法》规定，对于当事人及其诉讼代理人因客观原因无法自行收集的证据（如涉及国家秘密和商业秘密的证据），人民法院应当依职权进行收集、调查取证，确保全面查清案情，切实维护当事人的合法权益。

打赔偿官司应提供哪些证据

1. 人身受侵害的，应提供能够证明伤情的医院诊断书、医疗手册或病理复印件、医药费单据；转院治疗的应提供医院转诊证明；公安部门指定医院诊治的，应提供派出所开具的证明。

2. 要求赔偿交通费的，应提供票据；要求赔偿误工收入的，应提供所在单位财会部门开具的扣发工资证明。

3. 要求赔偿护理费的，应提供医院批准专事护理的证明。

4. 损害财物的，应提供财物受损情况的清单和有关材料。

5. 提供侵害人在何时何地实施了何种违法行为以及这种违法行为确系造成受害人损害结果发生的证明材料。

6. 侵害名誉权、肖像权、姓名权，造成物质、精神损害的，应提供侵权的行为方式、侵害场合，造成的后果等证明材料。

7. 因交通事故引起的赔偿，涉及交通事故责任的，当事人应提供公安部门对事故责任的裁定书，及人身损害或财产损失的证明材料。

8. 因医疗事故引起的赔偿，当事人应提供医疗事故鉴定委员会或卫生行政管理部门对医疗事故的鉴定报告或处理意见书，或者可以推翻鉴定和处理意见的其他证明材料。

9. 因产品质量不合格造成财产、人身损害的，应提供产品造成财物、人身损害后果的证据。

人身损害赔偿官司应如何举证

人身损害赔偿是指公民生命权、名誉权、肖像权、姓名权、荣誉权等受到不法侵害，造成致伤、致残、致死的后果以及其他损害，要求侵权人以财产赔偿等方法进行救济和保护的侵权法律制度。在审判实践中引起人身损害赔偿的原因主要有因人身伤害、名誉权受到损害等。依据民事诉讼法规定，公民提起人身损害赔偿诉讼，根据不同伤害程度和后果，应当提供下列证据：

1. 证明被告确系侵害人或承担民事责任人的证据；

2. 证明侵害行为实施过程的证据；

3. 证明伤害结果的证据；

4. 证明人身受到伤害，造成经济损失赔偿的证据；

5. 证明确需护理费、误工费、生活补助费及依靠受害人抚养所需的抚养费等；

6. 证明姓名、名誉、肖像等人身权受到侵害造成精神损害的证据，包括侵权人的行为方式、损害程度、伤害场合、侵害后果和侵害人是否营利等证据；

7. 证明产品质量不合格造成人身损害证据；

8. 证明医疗事故赔偿或医疗差错赔偿的证据；

9. 证明交通事故赔偿的证据；

10. 能够证明造成伤害事故和后果或人民法院认为应当提交的其他证据。

什么是民事行为能力

民事行为能力是指民事主体通过自己的行为取得民事权利、承担民事义务的资格。民事权利能力是民事行为能力的前提，民事行为能力是实现民事权利能力的条件。每个公民的民事权利能力生来具有，而且平等；而每个公民的民事行为能力则不同，取决于不同的条件，有的公民具有完全的民事权利能力，有的公民具有不完全的民事行为能力，有的公民则没有民事行为能力。民事行为能力可分为完全民事行为能力、限制民事行为能力、无民事行为能力三种，其具体情况如下：

（1）18 周岁以上的公民是成年人，具有完全民事行为能力，可以独立进行民事活动，是完全民事行为能力人。

（2）16 周岁以上不满 18 周岁的公民，以自己的劳动收入为主要生活来源的，视为完全民事行为能力人。

（3）10 周岁以上的未成年人是限制民事行为能力人，可以进行与其年龄、智力相适应的民事活动；其他民事活动由其法定代理人代理，或者征得他的法定代理人的同意。

（4）不满 10 周岁的未成年人，是无民事行为能力人，由其法定代理人代理民事活动。

（5）不能完全辨认自己行为的精神病人是限制民事行为能力人，可以进行与其精神健康状况相适应的民事活动；其他民事活动由其法定代理人代理，或者征得其法定代理人的同意。无民事行为能力人、限制民事行为能力人的监护人是他的法定代理人。

什么是第三人

第三人，是指除了原告、被告以外的当事人。由于原、被告之间的诉讼可能涉及第三人的利益，因而第三人要参与进来，但既不是原告、也不是被告，按照《民事诉讼法》第 56 条的规定，民事诉讼中的第三人有两种：

（1）是对当事人双方的诉讼标的有独立的请求权，有权提起诉讼的人，实际上第三人这时与原告的地位一样，只是一个具体案件已经有了一个原告、一个被告，而他不能同意任何一方的要求，而是以原、被告作为自己的被告参加进来的人，这种人称为“有独立请求权的第三人”。

（2）对当事人双方的诉讼标的虽然没有独立请求权，但案件处理结果同其有法律上的利害关系的人，法院通知他参加或自己申请参加进来，这称为“无独立请求权的第三人”。

前两种的第三人，因不能归责于本人的事由未参加诉讼，但有证据证明发生法律效力的判决、裁定、调解书的部分或者全部内容错误，损害其民事权益的，可以自知道或者应当知道其民事权益受到损害之日起六个月内，向作出该判决、裁定、调解书的人民法院提起诉讼。人民法院经审理，诉讼请求成立的，应当改变或者撤销原判决、裁定、调解书；诉讼请求不成立的，驳回诉讼请求。

哪些赔偿可以拿不止一份

遭遇欺诈买假货，可索双倍赔偿金

一般来说，商家欺诈行为的构成需要具备两个条件：经营者主观上有欺诈的故意，客观上实施了制造假象或者隐瞒真实情况的欺诈行为；消费者由于经营者的欺诈行为而陷入错误的认知中，购买了含有虚假成分的商品。只有同时具备以上两个条件，才构成欺诈行为，消费者双倍索赔的请求才能够得到法律的支持。

重复投保人身险，几份合同算几份

根据《保险法》的规定，对于财产保险，投保人重复投保的，由保险公司按比例赔偿，并适用补偿责任原则，投保人获得的赔偿最高不得超过保险金额的数额。而人身保险，是以人的身体和生命作为保险标的的一种保险。因此，《保险法》并不禁止在人身保险合同中的重复保险，被保险人可以先后或同时参加同一种或几种人身保险，而且可以根据约定得到规定的保险金。

拿了工伤补偿款，仍可拿侵权赔偿款

遭遇工伤，可获工伤补偿。但是，如果工伤是用人单位以外的第三人侵权所致，获得工伤补偿后，是否还可以获得侵权赔偿呢？《最高人民法院关于审理人身损害赔偿案件适用法律若干问题的解释》第 12 条第 2 款规定：“因用人单位以外的第三人侵权造成劳动者人身损害，赔偿权利人请求第三人承担民事赔偿责任的，人民法院应予支持。”工伤补偿款和侵权赔偿款，对于劳动者来说，并无取舍之抉择，他们可以将二者统统收入囊中。

伤情鉴定应注意哪些问题

1. 身体受到伤害后及时到医院治疗。在一些轻微伤案件中，因为伤口愈合很快，不及时治疗没有医疗单据，就无法申请法医鉴定，也就无法在庭审中提出民事赔偿的诉讼请求。

2. 到医院治疗时应及时向医院索要有关病例、CT 片或 X 片等。

3. 不要小病大治，多开医疗费用。

4. 应当保存好有关医疗单据。受害方往往不重视医疗单据的保存，随处放，有时自己都不知道放到哪儿了。当委托法医鉴定时，不少当事人无法完整全面地提供医疗单据，给鉴定带来很大困难，甚至无法得到适合自己病情的鉴定结果。

5. 配合法医鉴定。有的当事人接到法医通知，却拒不来做鉴定，其实鉴定既是其义务也是其权利，来做鉴定，可以查看鉴定人是否具备鉴定资格，鉴定程序是否合法，鉴定材料是否真实，鉴定人是否应当回避等，如有以上情况可以申请回避。如果当事人一审不提出异议，二审则不可以提出重新鉴定。

6. 主动申请异地鉴定。异地鉴定当事人往往多花费用，占用较多的时间，因此原则上法医不主动提出。当事人应根据自己的实际情况，主动向法医提出委托异地鉴定。异地鉴定的最大好处就是可以避免本地医学会或医疗鉴定机构的行业保护主义或地方保护主义。

危急时刻怎样拨打 110

电话报警三项注意：（1）一定要在就近的地方，抓紧时间报警，越快越好。（2）报警时要按民警的提示讲清报警求助的基本情况；现场的原始状态如何；有无采取措施；犯罪分子或可疑人员的人数、特点、携带物品和逃跑方向等。

打 110 还要提供报警人的所在位置、姓名和联系方式。（3）无特殊情况，报警后应在报警地等候，并与民警和 110 及时取得联系。案发现场要注意保护，不要随意翻动。除了营救伤员，不要让任何人进入。

四类情况报警救助：（1）发生溺水、坠楼、自杀等情况，需要公安机关紧急救助的。（2）老人、孩子以及智障人员、精神病患者走失，需要公安机关在一定范围内查找的。（3）公众遇到危难，处于孤立无援状况，需要立即救助的。（4）涉及水、电、气、热等公共设施出现险情，威胁公共安全、人身或财产安全和工作、学习、生活秩序，需要公安机关先期紧急处置的。

危急时刻怎样拨打 120

如果遇到突发疾病或事故，一定要安静，人多时要指定专人来打 120 电话，如果只是自己一个人也要边自救边打电话。如果是车祸现场，拨打 120 的同时还要拨打 110、122；如果是火灾现场，在拨打 120 的同时还要拨打 119。电话 110、119、120、122 均是免费电话。电话接通时要说明以下情况：

1. 报告事故及伤员情况。包括伤情的主要表现，如抽搐、昏迷、胸痛、喘憋、出血、骨折等，同时要说明有几个伤员。

2. 具体地址。要说明事故现场或家庭在什么位置，有什么显著标志，如建筑物、单位、大商场、公园、火车站附近等。

3. 留下可以联系的电话号码。

4. 如果条件允许，尽量派人到路边或门口接车，可以争取更多的宝贵时间。

打赢官司别忘了申请执行

赵某与张某系一对好友，1997 年赵某做化肥生意借了张某一万元，并约定利息，言明 5 个月归还，但赵某 5 个月未还，张某多次索要未果，遂诉诸法院。法院审理后，判令赵某偿付张某一万元及利息，赵某见败诉后，主动找到张某说："等我要了化肥款后还给你。"张某认为，盖有法院大印的判决书可是板上钉钉，赵某怎么也跑不了，于是就这样拖下来，一年半之后赵某仍未按判决书规定日期还款，张某拿着判决书找到了法院要求执行，法院审查后告知张某申请执行的期限已过，其债权已不受法律保护，张某大呼上当。

当你与他人发生纠纷经法院判决或调解法律文书生效后，如果你是胜诉一方，千万别忘了在法定期限内向法院申请执行。我国《民事诉讼法》第239条规定：申请执行的期限为二年。法院判决书或调解书生效并不意味着实体权利的必须实现，如果对方不自觉履行自己又不能及时向法院申请执行，就可能发生上述前功尽弃的局面。

国家司法救助的对象

1. 刑事案件被害人受到犯罪侵害，致使重伤或严重残疾，因案件无法侦破造成生活困难的；或者因加害人死亡或没有赔偿能力，无法经过诉讼获得赔偿，造成生活困难的。

2. 刑事案件被害人受到犯罪侵害危及生命，急需救治，无力承担医疗救治费用的。

3. 刑事案件被害人受到犯罪侵害而死亡，因案件无法侦破造成依靠其收入为主要生活来源的近亲属生活困难的；或者因加害人死亡或没有赔偿能力，依靠被害人收入为主要生活来源的近亲属无法经过诉讼获得赔偿，造成生活困难的。

4. 刑事案件被害人受到犯罪侵害，致使财产遭受重大损失，因案件无法侦破造成生活困难的；或者因加害人死亡或没有赔偿能力，无法经过诉讼获得赔偿，造成生活困难的。

5. 举报人、证人、鉴定人因举报、作证、鉴定受到打击报复，致使人身受到伤害或财产受到重大损失，无法经过诉讼获得赔偿，造成生活困难的。

6. 追索赡养费、扶养费、抚育费等，因被执行人没有履行能力，造成申请执行人生活困难的。

7. 对于道路交通事故等民事侵权行为造成人身伤害，无法经过诉讼获得赔偿，造成生活困难的。

8. 党委政法委和政法各单位根据实际情况，认为需要救助的其他人员。

以上八类人员提出国家司法救助申请的，可获得国家司法救助。

关于诉讼时效方面的有关规定

诉讼时效，是指向人民法院请求民事权利的有效期间。诉讼时效期间届满后，当事人就不能向人民法院提出民事诉讼。即使权利人行使请求权的，人民法院也不再予以保护。

1.《民法通则》第 135 条，向人民法院请求保护民事权利的诉讼时效期间为二年，法律另有规定的除外。

2.《民法通则》第 136 条，下列的诉讼时效期间为一年：

（一）身体受到伤害要求赔偿的；

（二）出售质量不合格的商品未声明的；

（三）延付或者拒付租金的；

（四）寄存财物被丢失或者损毁的。

3.《民法通则》第 137 条，诉讼时效期间从知道或者应当知道权利被侵害时起计算。但是，从权利被侵害之日起超过二十年的，人民法院不予保护。有特殊情况的，人民法院可以延长诉讼时效期间。

4.《民法通则》第 138 条，超过诉讼时效期间，当事人自愿履行的，不受诉讼时效限制。

5.《民法通则》第 139 条，在诉讼时效期间的最后六个月内，因不可抗力或者其他障碍不能行使请求权的，诉讼时效中止。从中止时效的原因消除之日起，诉讼时效期间继续计算。

6.《民法通则》第 140 条，诉讼时效因提起诉讼、当事人一方提出要求或者同意履行义务而中断。从中断时起，诉讼时效期间重新计算。

7.《民法通则》第 141 条，法律对诉讼时效另有规定的，依照法律规定。

8.《婚姻法》第 11 条，因胁迫结婚的，受胁迫的一方可以向婚姻登记机关或人民法院请求撤销该婚姻。受胁迫的一方撤销婚姻的请求，应当自结婚登记之日起一年内提出。被非法限制人身自由的当事人请求撤销婚姻的，应当自恢复人身自由之日起一年内提出。

9.《关于适用〈中华人民共和国婚姻法〉若干问题的解释（一）》第12条，婚姻法第11条规定的“一年”，不适用诉讼时效中止、中断或者延长的规定。

10.《关于适用〈中华人民共和国婚姻法〉若干问题的解释（一）》第30条，人民法院受理离婚案件时，应当将婚姻法第46条等规定中当事人的有关权利义务，书面告知当事人。在适用婚姻法第46条时，应当区分以下不同情况：

（一）符合婚姻法第46条规定的无过错方作为原告基于该条规定向人民法院提起损害赔偿请求的，必须在离婚诉讼的同时提出。

（二）符合婚姻法第46条规定的无过错方作为被告的离婚诉讼案件，如果被告不同意离婚也不基于该条规定提起损害赔偿请求的，可以在离婚后一年内就此单独提起诉讼。

（三）无过错方作为被告的离婚诉讼案件，一审时被告未基于婚姻法第46条规定提出损害赔偿请求，二审期间提出的，人民法院应当进行调解，调解不成的，告知当事人在离婚后一年内另行起诉。

11.《关于适用〈中华人民共和国婚姻法〉若干问题的解释（一）》第31条，当事人依据婚姻法第47条的规定向人民法院提起诉讼，请求再次分割夫妻共同财产的诉讼时效为二年，从当事人发现之次日起计算。

12.《关于适用〈中华人民共和国婚姻法〉若干问题的解释（二）》第9条，男女双方协议离婚后一年内就财产分割问题反悔，请求变更或者撤销财产分割协议的，人民法院应当受理。人民法院审理后，未发现订立财产分割协议时存在欺诈、胁迫等情形的，应当依法驳回当事人的诉讼请求。

13.《关于适用〈中华人民共和国婚姻法〉若干问题的解释（二）》第27条，当事人在婚姻登记机关办理离婚登记手续后，以婚姻法第46条规定为由向人民法院提出损害赔偿请求的，人民法院应当受理。但当事人在协议离婚时已经明确表示放弃该项请求，或者在办理离婚登记手续一年后提出的，不予支持。

14.《继承法》第8条，继承权纠纷提起诉讼的期限为二年，自继承人知道或者应当知道其权利被侵犯之日起计算。但是，自继承开始之日起超过二十年的，不得再提起诉讼。

15.《继承法》第 25 条，继承开始后，继承人放弃继承的，应当在遗产处理前，作出放弃继承的表示。没有表示的，视为接受继承。受遗赠人应当在知道受遗赠后两个月内，作出接受或者放弃受遗赠的表示，到期没有表示的，视为放弃受遗赠。

16.《最高人民法院关于贯彻执行〈中华人民共和国继承法〉若干问题的意见》第 15 条，在诉讼时效期间内，因不可抗拒的事由致继承人无法主张继承权利的，人民法院可按中止诉讼时效处理。

17.《最高人民法院关于贯彻执行〈中华人民共和国继承法〉若干问题的意见》第 16 条，继承人在知道自己的权利受到侵犯之日起的二年之内，其遗产继承权纠纷确在人民调解委员会进行调解期间，可按中止诉讼时效处理。

18.《最高人民法院关于贯彻执行〈中华人民共和国继承法〉若干问题的意见》第 17 条，继承人因遗产继承纠纷向人民法院提起诉讼，诉讼时效即为中断。

19.《最高人民法院关于贯彻执行〈中华人民共和国继承法〉若干问题的意见》第 18 条，自继承开始之日起的第十八年后至第二十年期间内，继承人才知道自己的权利被侵犯的，其提起诉讼的权利，应当在继承开始之日起的二十年之内行使，超过二十年的，不得再行提起诉讼。

20.《合同法》第 55 条，有下列情形之一的，撤销权消灭：

（一）具有撤销权的当事人自知道或者应当知道撤销事由之日起一年内没有行使撤销权；

（二）具有撤销权的当事人知道撤销事由后明确表示或者以自己的行为放弃撤销权。

21.《合同法》第 75 条，撤销权自债权人知道或者应当知道撤销事由之日起一年内行使。自债务人的行为发生之日起五年内没有行使撤销权的，该撤销权消灭。

22.《合同法》第 104 条第 2 款，债权人领取提存物的权利，自提存之日起五年内不行使而消灭，提存物扣除提存费用后归国家所有。

23.《合同法》第 129 条，因国际货物买卖合同和技术进出口合同争议提起诉讼或者申请仲裁的期限为四年，自当事人知道或者应当知道其权利受到侵害之日起计算。因其他合同争议提起诉讼或者申请仲裁的期限，依照有关法律的规定。

24.《最高人民法院关于适用〈中华人民共和国合同法〉若干问题的解释（一）》第 8 条，合同法第 55 条规定的“一年”、第 75 条和第 104 条第 2 款规定的“五年”为不变期间，不适用诉讼时效中止、中断或者延长的规定。

25.《拍卖法》第 61 条第 3 款，因拍卖标的存在瑕疵未声明的，请求赔偿的诉讼时效期间为一年，自当事人知道或者应当知道权利受到损害之日起计算。

26.《最高人民法院关于审理著作权民事纠纷案件适用法律若干问题的解释》第 28 条，侵犯著作权的诉讼时效为二年，自著作权人知道或者应当知道侵权行为之日起计算。权利人超过二年起诉的，如果侵权行为在起诉时仍在持续，在该著作权保护期内，人民法院应当判决被告停止侵权行为；侵权损害赔偿数额应当自权利人向人民法院起诉之日起向前推算二年计算。

27.《专利法》第 68 条，侵犯专利权的诉讼时效为二年，自专利权人或者利害关系人得知或者应当得知侵权行为之日起计算。发明专利申请公布后至专利权授予前使用该发明未支付适当使用费的，专利权人要求支付使用费的诉讼时效为二年，自专利权人得知或者应当得知他人使用其发明之日起计算，但是，专利权人于专利权授予之日前即已得知或者应当得知的，自专利权授予之日起计算。

28.《最高人民法院关于审理商标民事纠纷案件适用法律若干问题的解释》第 18 条，侵犯注册商标专用权的诉讼时效为二年，自商标注册人或者利害权利人知道或者应当知道侵权行为之日起计算。商标注册人或者利害关系人超过二年起诉的，如果侵权行为在起诉时仍在持续，在该注册商标专用权有效期限内，人民法院应当判决被告停止侵权行为，侵权损害赔偿数额应当自权利人向人民法院起诉之日起向前推算二年计算。

29.《产品质量法》第 45 条，因产品存在缺陷造成损害要求赔偿的诉讼时效期间为二年，自当事人知道或者应当知道其权益受到损害时起计算。因产品存在缺陷造成损害要求赔偿的请求权，在造成损害的缺陷产品交付最初消费者满十年丧失；但是，尚未超过明示的安全使用期的除外。

30.《环境保护法》第 66 条，提起环境损害赔偿诉讼的时效期间为三年，从当事人知道或者应当知道其受到损害时起计算。

31.《行政诉讼法》第 46 条，公民、法人或者其他组织直接向人民法院提起诉讼的，应当自知道或者应当知道作出行政行为之日起六个月内提出。法律另有规定的除外。因不动产提起诉讼的案件自行政行为作出之日起超过二十年，其他案件自行政行为作出之日起超过五年提起诉讼的，人民法院不予受理。

32.《国家赔偿法》第 39 条，赔偿请求人请求国家赔偿的时效为两年，自其知道或者应当知道国家机关及其工作人员行使职权时的行为侵犯其人身权、财产权之日起计算，但被羁押等限制人身自由期间不计算在内。在申请行政复议或者提起行政诉讼时一并提出赔偿请求的，适用行政复议法、行政诉讼法有关时效的规定。赔偿请求人在赔偿请求时效的最后六个月内，因不可抗力或者其他障碍不能行使请求权的，时效中止。从中止时效的原因消除之日起，赔偿请求时效期间继续计算。

33.《最高人民法院关于审理铁路运输损害赔偿案件若干问题的解释的通知》第 15 条，对承运中的货物、包裹、行李发生损失或者逾期，向铁路运输企业要求赔偿的请求权，时效期间适用铁路运输规章 180 日的规定。自铁路运输企业交付的次日起计算；货物、包裹、行李全部灭失的，自运到期限届满后第 30 日的次日起计算。但对在此期间内或运到期限内已经确认灭失的，自铁路运输企业交给货运记录的次日起计算。

34.《刑法》第 87 条，犯罪经过下列期限不再追诉：

（一）法定最高刑为不满五年有期徒刑的，经过五年；

（二）法定最高刑为五年以上不满十年有期徒刑的，经过十年；

（三）法定最高刑为十年以上有期徒刑的，经过十五年；

（四）法定最高刑为无期徒刑、死刑的，经过二十年。如果二十年以后认为必须追诉的，须报请最高人民检察院核准。

35.《刑法》第 88 条，在人民检察院、公安机关、国家安全机关立案侦查或者在人民法院受理案件以后，逃避侦查或者审判的，不受追诉期限的限制。

被害人在追诉期限内提出控告，人民法院、人民检察院、公安机关应当立案而不予立案的，不受追诉期限的限制。

36.《刑法》第 89 条，追诉期限从犯罪之日起计算；犯罪行为有连续或者继续状态的，从犯罪行为终了之日起计算。在追诉期限以内又犯罪的，前罪追诉的期限从犯后罪之日起计算。

附：法条链接

中华人民共和国物权法（节选）

（2007年3月16日第十届全国人民代表大会第五次会议通过 2007年3月16日中华人民共和国主席令第62号公布 自2007年10月1日起施行）

第九条 不动产物权的设立、变更、转让和消灭，经依法登记，发生效力；未经登记，不发生效力，但法律另有规定的除外。

依法属于国家所有的自然资源，所有权可以不登记。

第十五条 当事人之间订立有关设立、变更、转让和消灭不动产物权的合同，除法律另有规定或者合同另有约定外，自合同成立时生效；未办理物权登记的，不影响合同效力。

第三十三条 因物权的归属、内容发生争议的，利害关系人可以请求确认权利。

第三十四条 无权占有不动产或者动产的，权利人可以请求返还原物。

第三十七条 侵害物权，造成权利人损害的，权利人可以请求损害赔偿，也可以请求承担其他民事责任。

第四十八条 森林、山岭、草原、荒地、滩涂等自然资源，属于国家所有，但法律规定属于集体所有的除外。

第七十条 业主对建筑物内的住宅、经营性用房等专有部分享有所有权，对专有部分以外的共有部分享有共有和共同管理的权利。

第七十六条 下列事项由业主共同决定：

（一）制定和修改业主大会议事规则；

（二）制定和修改建筑物及其附属设施的管理规约；

（三）选举业主委员会或者更换业主委员会成员；

（四）选聘和解聘物业服务企业或者其他管理人；

（五）筹集和使用建筑物及其附属设施的维修资金；

（六）改建、重建建筑物及其附属设施；

（七）有关共有和共同管理权利的其他重大事项。

决定前款第五项和第六项规定的事项，应当经专有部分占建筑物总面积三分之二以上的业主且占总人数三分之二以上的业主同意。决定前款其他事项，应当经专有部分占建筑物总面积过半数的业主且占总人数过半数的业主同意。

第七十七条 业主不得违反法律、法规以及管理规约，将住宅改变为经营性用房。业主将住宅改变为经营性用房的，除遵守法律、法规以及管理规约外，应当经有利害关系的业主同意。

第八十六条 不动产权利人应当为相邻权利人用水、排水提供必要的便利。

对自然流水的利用，应当在不动产的相邻权利人之间合理分配。对自然流水的排放，应当尊重自然流向。

第八十九条 建造建筑物，不得违反国家有关工程建设标准，妨碍相邻建筑物的通风、采光和日照。

第九十八条 对共有物的管理费用以及其他负担，有约定的，按照约定；没有约定或者约定不明确的，按份共有人按照其份额负担，共同共有人共同负担。

第一百零六条 无处分权人将不动产或者动产转让给受让人的，所有权人有权追回；除法律另有规定外，符合下列情形的，受让人取得该不动产或者动产的所有权：

（一）受让人受让该不动产或者动产时是善意的；

（二）以合理的价格转让；

（三）转让的不动产或者动产依照法律规定应当登记的已经登记，不需要登记的已经交付给受让人。

受让人依照前款规定取得不动产或者动产的所有权的，原所有权人有权向无处分权人请求赔偿损失。

当事人善意取得其他物权的，参照前两款规定。

第一百零九条 拾得遗失物，应当返还权利人。拾得人应当及时通知权利人领取，或者送交公安等有关部门。

第一百一十一条 拾得人在遗失物送交有关部门前，有关部门在遗失物被领取前，应当妥善保管遗失物。因故意或者重大过失致使遗失物毁损、灭失的，应当承担民事责任。

中华人民共和国民法通则（节选）

（1986年4月12日第六届全国人民代表大会第四次会议通过
根据2009年8月27日第十一届全国人民代表大会常务委员会第十次会议《关于修改部分法律的决定》修正）

第七条 民事活动应当尊重社会公德，不得损害社会公共利益，破坏国家经济计划，扰乱社会经济秩序。

第七十三条 国家财产属于全民所有。

国家财产神圣不可侵犯，禁止任何组织或者个人侵占、哄抢、私分、截留、破坏。

第七十四条 劳动群众集体组织的财产属于劳动群众集体所有，包括：

（一）法律规定为集体所有的土地和森林、山岭、草原、荒地、滩涂等；

（二）集体经济组织的财产；

（三）集体所有的建筑物、水库、农田水利设施和教育、科学、文化、卫生、体育等设施；

（四）集体所有的其他财产。

集体所有的土地依照法律属于村农民集体所有，由村农业生产合作社等农业集体经济组织或者村民委员会经营、管理。已经属于乡（镇）农民集体经济组织所有的，可以属于乡（镇）农民集体所有。

集体所有的财产受法律保护，禁止任何组织或者个人侵占、哄抢、私分、破坏或者非法查封、扣押、冻结、没收。

第七十五条 公民的个人财产，包括公民的合法收入、房屋、储蓄、生活用品、文物、图书资料、林木、牲畜和法律允许公民所有的生产资料以及其他合法财产。

公民的合法财产受法律保护，禁止任何组织或者个人侵占、哄抢、破坏或者非法查封、扣押、冻结、没收。

第七十九条 所有人不明的埋藏物、隐藏物，归国家所有。接收单位应当对上缴的单位或者个人，给予表扬或者物质奖励。

拾得遗失物、漂流物或者失散的饲养动物，应当归还失主，因此而支出的费用由失主偿还。

第八十条 国家所有的土地，可以依法由全民所有制单位使用，也可以依法确定由集体所有制单位使用，国家保护它的使用、收益的权利；使用单位有管理、保护、合理利用的义务。

公民、集体依法对集体所有的或者国家所有由集体使用的土地的承包经营权，受法律保护。承包双方的权利和义务，依照法律由承包合同规定。

土地不得买卖、出租、抵押或者以其他形式非法转让。

第八十三条 不动产的相邻各方，应当按照有利生产、方便生活、团结互助、公平合理的精神，正确处理截水、排水、通行、通风、采光等方面的相邻关系。给相邻方造成妨碍或者损失的，应当停止侵害，排除妨碍，赔偿损失。

第八十九条 依照法律的规定或者按照当事人的约定，可以采用下列方式担保债务的履行：

（一）保证人向债权人保证债务人履行债务，债务人不履行债务的，按照约定由保证人履行或者承担连带责任；保证人履行债务后，有权向债务人追偿。

（二）债务人或者第三人可以提供一定的财产作为抵押物。债务人不履行债务的，债权人有权依照法律的规定以抵押物折价或者以变卖抵押物的价款优先得到偿还。

（三）当事人一方在法律规定的范围内可以向对方给付定金。债务人履行债务后，定金应当抵作价款或者收回。给付定金的一方不履行债务的，无权要求返还定金；接受定金的一方不履行债务的，应当双倍返还定金。

（四）按照合同约定一方占有对方的财产，对方不按照合同给付应付款项超过约定期限的，占有人有权留置该财产，依照法律的规定以留置财产折价或者以变卖该财产的价款优先得到偿还。

第一百零六条 公民、法人违反合同或者不履行其他义务的，应当承担民事责任。

公民、法人由于过错侵害国家的、集体的财产，侵害他人财产、人身的，应当承担民事责任。

没有过错，但法律规定应当承担民事责任的，应当承担民事责任。

第一百一十七条 侵占国家的、集体的财产或者他人财产的，应当返还财产，不能返还财产的，应当折价赔偿。

损坏国家的、集体的财产或者他人财产的，应当恢复原状或者折价赔偿。

受害人因此遭受其他重大损失的，侵害人并应当赔偿损失。

第一百一十九条 侵害公民身体造成伤害的，应当赔偿医疗费、因误工减少的收入、残废者生活补助费等费用；造成死亡的，并应当支付丧葬费、死者生前扶养的人必要的生活费等费用。

第一百二十九条 因紧急避险造成损害的，由引起险情发生的人承担民事责任。如果危险是由自然原因引起的，紧急避险人不承担民事责任或者承担适当的民事责任。因紧急避险采取措施不当或者超过必要的限度，造成不应有的损害的，紧急避险人应当承担适当的民事责任。

第一百三十条 二人以上共同侵权造成他人损害的，应当承担连带责任。

第一百三十一条 受害人对于损害的发生也有过错的，可以减轻侵害人的民事责任。

第一百三十二条 当事人对造成损害都没有过错的，可以根据实际情况，由当事人分担民事责任。

中华人民共和国合同法（节选）

（1999年3月15日第九届全国人民代表大会第二次会议通过 1999年3月15日中华人民共和国主席令第15号公布 自1999年10月1日起施行）

第八条 依法成立的合同，对当事人具有法律约束力。当事人应当按照约定履行自己的义务，不得擅自变更或者解除合同。

依法成立的合同，受法律保护。

第四十五条 当事人对合同的效力可以约定附条件。附生效条件的合同，自条件成就时生效。附解除条件的合同，自条件成就时失效。

当事人为自己的利益不正当地阻止条件成就的，视为条件已成就；不正当地促成条件成就的，视为条件不成就。

第四十七条 限制民事行为能力人订立的合同，经法定代理人追认后，该合同有效，但纯获利益的合同或者与其年龄、智力、精神健康状况相适应而订立的合同，不必经法定代理人追认。

相对人可以催告法定代理人在一个月内予以追认。法定代理人未作表示的，视为拒绝追认。合同被追认之前，善意相对人有撤销的权利。撤销应当以通知的方式作出。

第五十二条 有下列情形之一的，合同无效：

（一）一方以欺诈、胁迫的手段订立合同，损害国家利益；

（二）恶意串通，损害国家、集体或者第三人利益；

（三）以合法形式掩盖非法目的；

（四）损害社会公共利益；

（五）违反法律、行政法规的强制性规定。

第五十四条 下列合同，当事人一方有权请求人民法院或者仲裁机构变更或者撤销：

（一）因重大误解订立的；

（二）在订立合同时显失公平的。

一方以欺诈、胁迫的手段或者乘人之危，使对方在违背真实意思的情况下订立的合同，受损害方有权请求人民法院或者仲裁机构变更或者撤销。

当事人请求变更的，人民法院或者仲裁机构不得撤销。

第五十八条 合同无效或者被撤销后，因该合同取得的财产，应当予以返还；不能返还或者没有必要返还的，应当折价补偿。有过错的一方应当赔偿对方因此所受到的损失，双方都有过错的，应当各自承担相应的责任。

第六十条 当事人应当按照约定全面履行自己的义务。

当事人应当遵循诚实信用原则，根据合同的性质、目的和交易习惯履行通知、协助、保密等义务。

第九十四条 有下列情形之一的，当事人可以解除合同：

（一）因不可抗力致使不能实现合同目的；

（二）在履行期限届满之前，当事人一方明确表示或者以自己的行为表明不履行主要债务；

（三）当事人一方迟延履行主要债务，经催告后在合理期限内仍未履行；

（四）当事人一方迟延履行债务或者有其他违约行为致使不能实现合同目的；

（五）法律规定的其他情形。

第一百零七条 当事人一方不履行合同义务或者履行合同义务不符合约定的，应当承担继续履行、采取补救措施或者赔偿损失等违约责任。

第一百一十一条 质量不符合约定的，应当按照当事人的约定承担违约责任。对违约责任没有约定或者约定不明确，依照本法第六十一条的规定仍不能确定的，受损害方根据标的的性质以及损失的大小，可以合理选择要求对方承担修理、更换、重作、退货、减少价款或者报酬等违约责任。

第一百一十七条 因不可抗力不能履行合同的，根据不可抗力的影响，部分或者全部免除责任，但法律另有规定的除外。当事人迟延履行后发生不可抗力的，不能免除责任。

本法所称不可抗力，是指不能预见、不能避免并不能克服的客观情况。

第二百一十五条租赁期限六个月以上的，应当采用书面形式。当事人未采用书面形式的，视为不定期租赁。

第二百二十九条租赁物在租赁期间发生所有权变动的，不影响租赁合同的效力。

第二百三十二条当事人对租赁期限没有约定或者约定不明确，依照本法第六十一条的规定仍不能确定的，视为不定期租赁。当事人可以随时解除合同，但出租人解除合同应当在合理期限之前通知承租人。

第三百零三条在运输过程中旅客自带物品毁损、灭失，承运人有过错的，应当承担损害赔偿责任。

旅客托运的行李毁损、灭失的，适用货物运输的有关规定。

中华人民共和国土地管理法（节选）

（1986年6月25日第六届全国人民代表大会常务委员会第十六次会议通过　根据1988年12月29日第七届全国人民代表大会常务委员会第五次会议《关于修改〈中华人民共和国土地管理法〉的决定》第一次修正　1998年8月29日第九届全国人民代表大会常务委员会第四次会议修订　根据2004年8月28日第十届全国人民代表大会常务委员会第十一次会议《关于修改〈中华人民共和国土地管理法〉的决定》第二次修正）

第二条　中华人民共和国实行土地的社会主义公有制，即全民所有制和劳动群众集体所有制。

全民所有，即国家所有土地的所有权由国务院代表国家行使。

任何单位和个人不得侵占、买卖或者以其他形式非法转让土地。土地使用权可以依法转让。

国家为了公共利益的需要，可以依法对土地实行征收或者征用并给予补偿。

国家依法实行国有土地有偿使用制度。但是，国家在法律规定的范围内划拨国有土地使用权的除外。

第八条　城市市区的土地属于国家所有。

农村和城市郊区的土地，除由法律规定属于国家所有的以外，属于农民集体所有；宅基地和自留地、自留山，属于农民集体所有。

第三十六条 非农业建设必须节约使用土地，可以利用荒地的，不得占用耕地；可以利用劣地的，不得占用好地。

禁止占用耕地建窑、建坟或者擅自在耕地上建房、挖砂、采石、采矿、取土等。

禁止占用基本农田发展林果业和挖塘养鱼。

中华人民共和国农村土地承包法（节选）

（2002 年 8 月 29 日第九届全国人民代表大会常务委员会第二十九次会议通过 根据 2009 年 8 月 27 日第十一届全国人民代表大会常务委员会第十次会议《关于修改部分法律的决定》修正）

第二条 本法所称农村土地，是指农民集体所有和国家所有依法由农民集体使用的耕地、林地、草地，以及其他依法用于农业的土地。

第九条 国家保护集体土地所有者的合法权益，保护承包方的土地承包经营权，任何组织和个人不得侵犯。

第十二条 农民集体所有的土地依法属于村农民集体所有的，由村集体经济组织或者村民委员会发包；已经分别属于村内两个以上农村集体经济组织的农民集体所有的，由村内各该农村集体经济组织或者村民小组发包。村集体经济组织或者村民委员会发包的，不得改变村内各集体经济组织农民集体所有的土地的所有权。

国家所有依法由农民集体使用的农村土地，由使用该土地的农村集体经济组织、村民委员会或者村民小组发包。

第十五条 家庭承包的承包方是本集体经济组织的农户。

第十六条 承包方享有下列权利：

（一）依法享有承包地使用、收益和土地承包经营权流转的权利，有权自主组织生产经营和处置产品；

（二）承包地被依法征收征用、占用的，有权依法获得相应的补偿；

（三）法律、行政法规规定的其他权利。

第二十六条 承包期内，发包方不得收回承包地。

承包期内，承包方全家迁入小城镇落户的，应当按照承包方的意愿，保留其土地承包经营权或者允许其依法进行土地承包经营权流转。

承包期内，承包方全家迁入设区的市，转为非农业户口的，应当将承包的耕地和草地交回发包方。承包方不交回的，发包方可以收回承包的耕地和草地。

承包期内，承包方交回承包地或者发包方依法收回承包地时，承包方对其在承包地上投入而提高土地生产能力的，有权获得相应的补偿。

第三十条 承包期内，妇女结婚，在新居住地未取得承包地的，发包方不得收回其原承包地；妇女离婚或者丧偶，仍在原居住地生活或者不在原居住地生活但在新居住地未取得承包地的，发包方不得收回其原承包地。

第三十二条 通过家庭承包取得的土地承包经营权可以依法采取转包、出租、互换、转让或者其他方式流转。

第三十三条 土地承包经营权流转应当遵循以下原则：

（一）平等协商、自愿、有偿，任何组织和个人不得强迫或者阻碍承包方进行土地承包经营权流转；

（二）不得改变土地所有权的性质和土地的农业用途；

（三）流转的期限不得超过承包期的剩余期限；

（四）受让方须有农业经营能力；

（五）在同等条件下，本集体经济组织成员享有优先权。

第三十七条 土地承包经营权采取转包、出租、互换、转让或者其他方式流转，当事人双方应当签订书面合同。采取转让方式流转的，应当经发包方同意；采取转包、出租、互换或者其他方式流转的，应当报发包方备案。

土地承包经营权流转合同一般包括以下条款：

（一）双方当事人的姓名、住所；

（二）流转土地的名称、坐落、面积、质量等级；

（三）流转的期限和起止日期；

（四）流转土地的用途；

（五）双方当事人的权利和义务；

（六）流转价款及支付方式；

（七）违约责任。

第五十条 土地承包经营权通过招标、拍卖、公开协商等方式取得的，该承包人死亡，其应得的承包收益，依照继承法的规定继承；在承包期内，其继承人可以继续承包。

物业管理条例（节选）

（2003年6月8日中华人民共和国国务院令第379号公布　根据2007年8月26日《国务院关于修改〈物业管理条例〉的决定》第一次修订　根据2016年2月6日《国务院关于修改部分行政法规的决定》第二次修订）

第六条 房屋的所有权人为业主。

业主在物业管理活动中，享有下列权利：

（一）按照物业服务合同的约定，接受物业服务企业提供的服务；

（二）提议召开业主大会会议，并就物业管理的有关事项提出建议；

（三）提出制定和修改管理规约、业主大会议事规则的建议；

（四）参加业主大会会议，行使投票权；

（五）选举业主委员会成员，并享有被选举权；

（六）监督业主委员会的工作；

（七）监督物业服务企业履行物业服务合同；

（八）对物业共用部位、共用设施设备和相关场地使用情况享有知情权和监督权；

（九）监督物业共用部位、共用设施设备专项维修资金（以下简称专项维修资金）的管理和使用；

（十）法律、法规规定的其他权利。

第十二条　业主大会会议可以采用集体讨论的形式，也可以采用书面征求意见的形式；但是，应当有物业管理区域内专有部分占建筑物总面积过半数的业主且占总人数过半数的业主参加。

业主可以委托代理人参加业主大会会议。

业主大会决定本条例第十一条第（五）项和第（六）项规定的事项，应当经专有部分占建筑物总面积 2/3 以上的业主且占总人数 2/3 以上的业主同意；决定本条例第十一条规定的其他事项，应当经专有部分占建筑物总面积过半数的业主且占总人数过半数的业主同意。

业主大会或者业主委员会的决定，对业主具有约束力。

业主大会或者业主委员会作出的决定侵害业主合法权益的，受侵害的业主可以请求人民法院予以撤销。

第二十七条　业主依法享有的物业共用部位、共用设施设备的所有权或者使用权，建设单位不得擅自处分。

第二十八条　物业服务企业承接物业时，应当对物业共用部位、共用设施设备进行查验。

第三十六条　物业服务企业应当按照物业服务合同的约定，提供相应的服务。

物业服务企业未能履行物业服务合同的约定，导致业主人身、财产安全受到损害的，应当依法承担相应的法律责任。

最高人民法院关于民事诉讼证据的若干规定（节选）

（2001 年 12 月 21 日　法释〔2001〕33 号）

第二条　当事人对自己提出的诉讼请求所依据的事实或者反驳对方诉讼请求所依据的事实有责任提供证据加以证明。

没有证据或者证据不足以证明当事人的事实主张的，由负有举证责任的当事人承担不利后果。

第二十五条　当事人申请鉴定，应当在举证期限内提出。符合本规定第二十七条规定的情形，当事人申请重新鉴定的除外。

对需要鉴定的事项负有举证责任的当事人，在人民法院指定的期限内无正当理由不提出鉴定申请或者不预交鉴定费用或者拒不提供相关材料，致使对案件争议的事实无法通过鉴定结论予以认定的，应当对该事实承担举证不能的法律后果。

中华人民共和国侵权责任法

（2009 年 12 月 26 日第十一届全国人民代表大会常务委员会第十二次会议通过　2009 年 23 月 26 日中华人民共和国主席令第 21 号公布　自 2010 年 7 月 1 日起施行）

第一章　一般规定

第一条　为保护民事主体的合法权益，明确侵权责任，预防并制裁侵权行为，促进社会和谐稳定，制定本法。

第二条　侵害民事权益，应当依照本法承担侵权责任。

本法所称民事权益，包括生命权、健康权、姓名权、名誉权、荣誉权、肖像权、隐私权、婚姻自主权、监护权、所有权、用益物权、担保物权、著作权、专利权、商标专用权、发现权、股权、继承权等人身、财产权益。

第三条　被侵权人有权请求侵权人承担侵权责任。

第四条　侵权人因同一行为应当承担行政责任或者刑事责任的，不影响依法承担侵权责任。

因同一行为应当承担侵权责任和行政责任、刑事责任，侵权人的财产不足以支付的，先承担侵权责任。

第五条　其他法律对侵权责任另有特别规定的，依照其规定。

第二章　责任构成和责任方式

第六条　行为人因过错侵害他人民事权益，应当承担侵权责任。

根据法律规定推定行为人有过错，行为人不能证明自己没有过错的，应当承担侵权责任。

第七条 行为人损害他人民事权益，不论行为人有无过错，法律规定应当承担侵权责任的，依照其规定。

第八条 二人以上共同实施侵权行为，造成他人损害的，应当承担连带责任。

第九条 教唆、帮助他人实施侵权行为的，应当与行为人承担连带责任。

教唆、帮助无民事行为能力人、限制民事行为能力人实施侵权行为的，应当承担侵权责任；该无民事行为能力人、限制民事行为能力人的监护人未尽到监护责任的，应当承担相应的责任。

第十条 二人以上实施危及他人人身、财产安全的行为，其中一人或者数人的行为造成他人损害，能够确定具体侵权人的，由侵权人承担责任；不能确定具体侵权人的，行为人承担连带责任。

第十一条 二人以上分别实施侵权行为造成同一损害，每个人的侵权行为都足以造成全部损害的，行为人承担连带责任。

第十二条 二人以上分别实施侵权行为造成同一损害，能够确定责任大小的，各自承担相应的责任；难以确定责任大小的，平均承担赔偿责任。

第十三条 法律规定承担连带责任的，被侵权人有权请求部分或者全部连带责任人承担责任。

第十四条 连带责任人根据各自责任大小确定相应的赔偿数额；难以确定责任大小的，平均承担赔偿责任。

支付超出自己赔偿数额的连带责任人，有权向其他连带责任人追偿。

第十五条 承担侵权责任的方式主要有：

（一）停止侵害；

（二）排除妨碍；

（三）消除危险；

（四）返还财产；

（五）恢复原状；

（六）赔偿损失；

（七）赔礼道歉；

（八）消除影响、恢复名誉。

以上承担侵权责任的方式，可以单独适用，也可以合并适用。

第十六条 侵害他人造成人身损害的，应当赔偿医疗费、护理费、交通费等为治疗和康复支出的合理费用，以及因误工减少的收入。造成残疾的，还应当赔偿残疾生活辅助具费和残疾赔偿金。造成死亡的，还应当赔偿丧葬费和死亡赔偿金。

第十七条 因同一侵权行为造成多人死亡的，可以以相同数额确定死亡赔偿金。

第十八条 被侵权人死亡的，其近亲属有权请求侵权人承担侵权责任。被侵权人为单位，该单位分立、合并的，承继权利的单位有权请求侵权人承担侵权责任。

被侵权人死亡的，支付被侵权人医疗费、丧葬费等合理费用的人有权请求侵权人赔偿费用，但侵权人已支付该费用的除外。

第十九条 侵害他人财产的，财产损失按照损失发生时的市场价格或者其他方式计算。

第二十条 侵害他人人身权益造成财产损失的，按照被侵权人因此受到的损失赔偿；被侵权人的损失难以确定，侵权人因此获得利益的，按照其获得的利益赔偿；侵权人因此获得的利益难以确定，被侵权人和侵权人就赔偿数额协商不一致，向人民法院提起诉讼的，由人民法院根据实际情况确定赔偿数额。

第二十一条 侵权行为危及他人人身、财产安全的，被侵权人可以请求侵权人承担停止侵害、排除妨碍、消除危险等侵权责任。

第二十二条 侵害他人人身权益，造成他人严重精神损害的，被侵权人可以请求精神损害赔偿。

第二十三条 因防止、制止他人民事权益被侵害而使自己受到损害的，由侵权人承担责任。侵权人逃逸或者无力承担责任，被侵权人请求补偿的，受益人应当给予适当补偿。

第二十四条 受害人和行为人对损害的发生都没有过错的，可以根据实际情况，由双方分担损失。

第二十五条 损害发生后，当事人可以协商赔偿费用的支付方式。协商不一致的，赔偿费用应当一次性支付；一次性支付确有困难的，可以分期支付，但应当提供相应的担保。

第三章 不承担责任和减轻责任的情形

第二十六条 被侵权人对损害的发生也有过错的，可以减轻侵权人的责任。

第二十七条 损害是因受害人故意造成的，行为人不承担责任。

第二十八条 损害是因第三人造成的，第三人应当承担侵权责任。

第二十九条 因不可抗力造成他人损害的，不承担责任。法律另有规定的，依照其规定。

第三十条 因正当防卫造成损害的，不承担责任。正当防卫超过必要的限度，造成不应有的损害的，正当防卫人应当承担适当的责任。

第三十一条 因紧急避险造成损害的，由引起险情发生的人承担责任。如果危险是由自然原因引起的，紧急避险人不承担责任或者给予适当补偿。紧急避险采取措施不当或者超过必要的限度，造成不应有的损害的，紧急避险人应当承担适当的责任。

第四章 关于责任主体的特殊规定

第三十二条 无民事行为能力人、限制民事行为能力人造成他人损害的，由监护人承担侵权责任。监护人尽到监护责任的，可以减轻其侵权责任。

有财产的无民事行为能力人、限制民事行为能力人造成他人损害的，从本人财产中支付赔偿费用。不足部分，由监护人赔偿。

第三十三条 完全民事行为能力人对自己的行为暂时没有意识或者失去控制造成他人损害有过错的，应当承担侵权责任；没有过错的，根据行为人的经济状况对受害人适当补偿。

完全民事行为能力人因醉酒、滥用麻醉药品或者精神药品对自己的行为暂时没有意识或者失去控制造成他人损害的，应当承担侵权责任。

第三十四条 用人单位的工作人员因执行工作任务造成他人损害的，由用人单位承担侵权责任。

劳务派遣期间，被派遣的工作人员因执行工作任务造成他人损害的，由接受劳务派遣的用工单位承担侵权责任；劳务派遣单位有过错的，承担相应的补充责任。

第三十五条 个人之间形成劳务关系，提供劳务一方因劳务造成他人损害的，由接受劳务一方承担侵权责任。提供劳务一方因劳务自己受到损害的，根据双方各自的过错承担相应的责任。

第三十六条 网络用户、网络服务提供者利用网络侵害他人民事权益的，应当承担侵权责任。

网络用户利用网络服务实施侵权行为的，被侵权人有权通知网络服务提供者采取删除、屏蔽、断开链接等必要措施。网络服务提供者接到通知后未及时采取必要措施的，对损害的扩大部分与该网络用户承担连带责任。

网络服务提供者知道网络用户利用其网络服务侵害他人民事权益，未采取必要措施的，与该网络用户承担连带责任。

第三十七条 宾馆、商场、银行、车站、娱乐场所等公共场所的管理人或者群众性活动的组织者，未尽到安全保障义务，造成他人损害的，应当承担侵权责任。

因第三人的行为造成他人损害的，由第三人承担侵权责任；管理人或者组织者未尽到安全保障义务的，承担相应的补充责任。

第三十八条 无民事行为能力人在幼儿园、学校或者其他教育机构学习、生活期间受到人身损害的，幼儿园、学校或者其他教育机构应当承担责任，但能够证明尽到教育、管理职责的，不承担责任。

第三十九条 限制民事行为能力人在学校或者其他教育机构学习、生活期间受到人身损害，学校或者其他教育机构未尽到教育、管理职责的，应当承担责任。

第四十条 无民事行为能力人或者限制民事行为能力人在幼儿园、学校或者其他教育机构学习、生活期间，受到幼儿园、学校或者其他教育机构以外的人员人身损害的，由侵权人承担侵权责任；幼儿园、学校或者其他教育机构未尽到管理职责的，承担相应的补充责任。

第五章　产品责任

第四十一条　因产品存在缺陷造成他人损害的，生产者应当承担侵权责任。

第四十二条　因销售者的过错使产品存在缺陷，造成他人损害的，销售者应当承担侵权责任。

销售者不能指明缺陷产品的生产者也不能指明缺陷产品的供货者的，销售者应当承担侵权责任。

第四十三条　因产品存在缺陷造成损害的，被侵权人可以向产品的生产者请求赔偿，也可以向产品的销售者请求赔偿。

产品缺陷由生产者造成的，销售者赔偿后，有权向生产者追偿。

因销售者的过错使产品存在缺陷的，生产者赔偿后，有权向销售者追偿。

第四十四条　因运输者、仓储者等第三人的过错使产品存在缺陷，造成他人损害的，产品的生产者、销售者赔偿后，有权向第三人追偿。

第四十五条　因产品缺陷危及他人人身、财产安全的，被侵权人有权请求生产者、销售者承担排除妨碍、消除危险等侵权责任。

第四十六条　产品投入流通后发现存在缺陷的，生产者、销售者应当及时采取警示、召回等补救措施。未及时采取补救措施或者补救措施不力造成损害的，应当承担侵权责任。

第四十七条　明知产品存在缺陷仍然生产、销售，造成他人死亡或者健康严重损害的，被侵权人有权请求相应的惩罚性赔偿。

第六章　机动车交通事故责任

第四十八条　机动车发生交通事故造成损害的，依照道路交通安全法的有关规定承担赔偿责任。

第四十九条　因租赁、借用等情形机动车所有人与使用人不是同一人时，发生交通事故后属于该机动车一方责任的，由保险公司在机动车强制保险责任限额范围内予以赔偿。不足部分，由机动车使用人承担赔偿责任；机动车所有人对损害的发生有过错的，承担相应的赔偿责任。

第五十条 当事人之间已经以买卖等方式转让并交付机动车但未办理所有权转移登记，发生交通事故后属于该机动车一方责任的，由保险公司在机动车强制保险责任限额范围内予以赔偿。不足部分，由受让人承担赔偿责任。

第五十一条 以买卖等方式转让拼装或者已达到报废标准的机动车，发生交通事故造成损害的，由转让人和受让人承担连带责任。

第五十二条 盗窃、抢劫或者抢夺的机动车发生交通事故造成损害的，由盗窃人、抢劫人或者抢夺人承担赔偿责任。保险公司在机动车强制保险责任限额范围内垫付抢救费用的，有权向交通事故责任人追偿。

第五十三条 机动车驾驶人发生交通事故后逃逸，该机动车参加强制保险的，由保险公司在机动车强制保险责任限额范围内予以赔偿；机动车不明或者该机动车未参加强制保险，需要支付被侵权人人身伤亡的抢救、丧葬等费用的，由道路交通事故社会救助基金垫付。道路交通事故社会救助基金垫付后，其管理机构有权向交通事故责任人追偿。

第七章 医疗损害责任

第五十四条 患者在诊疗活动中受到损害，医疗机构及其医务人员有过错的，由医疗机构承担赔偿责任。

第五十五条 医务人员在诊疗活动中应当向患者说明病情和医疗措施。需要实施手术、特殊检查、特殊治疗的，医务人员应当及时向患者说明医疗风险、替代医疗方案等情况，并取得其书面同意；不宜向患者说明的，应当向患者的近亲属说明，并取得其书面同意。

医务人员未尽到前款义务，造成患者损害的，医疗机构应当承担赔偿责任。

第五十六条 因抢救生命垂危的患者等紧急情况，不能取得患者或者其近亲属意见的，经医疗机构负责人或者授权的负责人批准，可以立即实施相应的医疗措施。

第五十七条 医务人员在诊疗活动中未尽到与当时的医疗水平相应的诊疗

义务，造成患者损害的，医疗机构应当承担赔偿责任。

第五十八条 患者有损害，因下列情形之一的，推定医疗机构有过错：

（一）违反法律、行政法规、规章以及其他有关诊疗规范的规定；

（二）隐匿或者拒绝提供与纠纷有关的病历资料；

（三）伪造、篡改或者销毁病历资料。

第五十九条 因药品、消毒药剂、医疗器械的缺陷，或者输入不合格的血液造成患者损害的，患者可以向生产者或者血液提供机构请求赔偿，也可以向医疗机构请求赔偿。患者向医疗机构请求赔偿的，医疗机构赔偿后，有权向负有责任的生产者或者血液提供机构追偿。

第六十条 患者有损害，因下列情形之一的，医疗机构不承担赔偿责任：

（一）患者或者其近亲属不配合医疗机构进行符合诊疗规范的诊疗；

（二）医务人员在抢救生命垂危的患者等紧急情况下已经尽到合理诊疗义务；

（三）限于当时的医疗水平难以诊疗。

前款第一项情形中，医疗机构及其医务人员也有过错的，应当承担相应的赔偿责任。

第六十一条 医疗机构及其医务人员应当按照规定填写并妥善保管住院志、医嘱单、检验报告、手术及麻醉记录、病理资料、护理记录、医疗费用等病历资料。

患者要求查阅、复制前款规定的病历资料的，医疗机构应当提供。

第六十二条 医疗机构及其医务人员应当对患者的隐私保密。泄露患者隐私或者未经患者同意公开其病历资料，造成患者损害的，应当承担侵权责任。

第六十三条 医疗机构及其医务人员不得违反诊疗规范实施不必要的检查。

第六十四条 医疗机构及其医务人员的合法权益受法律保护。干扰医疗秩序，妨害医务人员工作、生活的，应当依法承担法律责任。

第八章　环境污染责任

第六十五条　因污染环境造成损害的，污染者应当承担侵权责任。

第六十六条　因污染环境发生纠纷，污染者应当就法律规定的不承担责任或者减轻责任的情形及其行为与损害之间不存在因果关系承担举证责任。

第六十七条　两个以上污染者污染环境，污染者承担责任的大小，根据污染物的种类、排放量等因素确定。

第六十八条　因第三人的过错污染环境造成损害的，被侵权人可以向污染者请求赔偿，也可以向第三人请求赔偿。污染者赔偿后，有权向第三人追偿。

第九章　高度危险责任

第六十九条　从事高度危险作业造成他人损害的，应当承担侵权责任。

第七十条　民用核设施发生核事故造成他人损害的，民用核设施的经营者应当承担侵权责任，但能够证明损害是因战争等情形或者受害人故意造成的，不承担责任。

第七十一条　民用航空器造成他人损害的，民用航空器的经营者应当承担侵权责任，但能够证明损害是因受害人故意造成的，不承担责任。

第七十二条　占有或者使用易燃、易爆、剧毒、放射性等高度危险物造成他人损害的，占有人或者使用人应当承担侵权责任，但能够证明损害是因受害人故意或者不可抗力造成的，不承担责任。被侵权人对损害的发生有重大过失的，可以减轻占有人或者使用人的责任。

第七十三条　从事高空、高压、地下挖掘活动或者使用高速轨道运输工具造成他人损害的，经营者应当承担侵权责任，但能够证明损害是因受害人故意或者不可抗力造成的，不承担责任。被侵权人对损害的发生有过失的，可以减轻经营者的责任。

第七十四条　遗失、抛弃高度危险物造成他人损害的，由所有人承担侵权责任。所有人将高度危险物交由他人管理的，由管理人承担侵权责任；所有人有过错的，与管理人承担连带责任。

第七十五条 非法占有高度危险物造成他人损害的，由非法占有人承担侵权责任。所有人、管理人不能证明对防止他人非法占有尽到高度注意义务的，与非法占有人承担连带责任。

第七十六条 未经许可进入高度危险活动区域或者高度危险物存放区域受到损害，管理人已经采取安全措施并尽到警示义务的，可以减轻或者不承担责任。

第七十七条 承担高度危险责任，法律规定赔偿限额的，依照其规定。

第十章 饲养动物损害责任

第七十八条 饲养的动物造成他人损害的，动物饲养人或者管理人应当承担侵权责任，但能够证明损害是因被侵权人故意或者重大过失造成的，可以不承担或者减轻责任。

第七十九条 违反管理规定，未对动物采取安全措施造成他人损害的，动物饲养人或者管理人应当承担侵权责任。

第八十条 禁止饲养的烈性犬等危险动物造成他人损害的，动物饲养人或者管理人应当承担侵权责任。

第八十一条 动物园的动物造成他人损害的，动物园应当承担侵权责任，但能够证明尽到管理职责的，不承担责任。

第八十二条 遗弃、逃逸的动物在遗弃、逃逸期间造成他人损害的，由原动物饲养人或者管理人承担侵权责任。

第八十三条 因第三人的过错致使动物造成他人损害的，被侵权人可以向动物饲养人或者管理人请求赔偿，也可以向第三人请求赔偿。动物饲养人或者管理人赔偿后，有权向第三人追偿。

第八十四条 饲养动物应当遵守法律，尊重社会公德，不得妨害他人生活。

第十一章 物件损害责任

第八十五条 建筑物、构筑物或者其他设施及其搁置物、悬挂物发生脱落、坠落造成他人损害，所有人、管理人或者使用人不能证明自己没有过错的，应当承担侵权责任。所有人、管理人或者使用人赔偿后，有其他责任人的，有权向其他责任人追偿。

第八十六条 建筑物、构筑物或者其他设施倒塌造成他人损害的，由建设单位与施工单位承担连带责任。建设单位、施工单位赔偿后，有其他责任人的，有权向其他责任人追偿。

因其他责任人的原因，建筑物、构筑物或者其他设施倒塌造成他人损害的，由其他责任人承担侵权责任。

第八十七条 从建筑物中抛掷物品或者从建筑物上坠落的物品造成他人损害，难以确定具体侵权人的，除能够证明自己不是侵权人的外，由可能加害的建筑物使用人给予补偿。

第八十八条 堆放物倒塌造成他人损害，堆放人不能证明自己没有过错的，应当承担侵权责任。

第八十九条 在公共道路上堆放、倾倒、遗撒妨碍通行的物品造成他人损害的，有关单位或者个人应当承担侵权责任。

第九十条 因林木折断造成他人损害，林木的所有人或者管理人不能证明自己没有过错的，应当承担侵权责任。

第九十一条 在公共场所或者道路上挖坑、修缮安装地下设施等，没有设置明显标志和采取安全措施造成他人损害的，施工人应当承担侵权责任。

窨井等地下设施造成他人损害，管理人不能证明尽到管理职责的，应当承担侵权责任。

第十二章 附 则

第九十二条 本法自 2010 年 7 月 1 日起施行。

中华人民共和国刑法（节选）

（1997 年 3 月 14 日第八届全国人民代表大会第五次会议修订 1997 年 3 月 14 日中华人民共和国主席令第 83 号公布 自 1997 年 10 月 1 日起施行）

第十七条 已满十六周岁的人犯罪，应当负刑事责任。

已满十四周岁不满十六周岁的人，犯故意杀人、故意伤害致人重伤或者死亡、强奸、抢劫、贩卖毒品、放火、爆炸、投毒罪的，应当负刑事责任。

已满十四周岁不满十八周岁的人犯罪，应当从轻或者减轻处罚。

因不满十六周岁不予刑事处罚的，责令他的家长或者监护人加以管教；在必要的时候，也可以由政府收容教养。

第二十二条 为了犯罪，准备工具、制造条件的，是犯罪预备。

对于预备犯，可以比照既遂犯从轻、减轻处罚或者免除处罚。

第二十三条 已经着手实行犯罪，由于犯罪分子意志以外的原因而未得逞的，是犯罪未遂。

对于未遂犯，可以比照既遂犯从轻或者减轻处罚。

第二十七条 在共同犯罪中起次要或者辅助作用的，是从犯。

对于从犯，应当从轻、减轻处罚或者免除处罚。

第三十六条 由于犯罪行为而使被害人遭受经济损失的，对犯罪分子除依法给予刑事处罚外，并应根据情况判处赔偿经济损失。

承担民事赔偿责任的犯罪分子，同时被处罚金，其财产不足以全部支付的，或者被判处没收财产的，应当先承担对被害人的民事赔偿责任。

第五十七条 对于被判处死刑、无期徒刑的犯罪分子，应当剥夺政治权利终身。

在死刑缓期执行减为有期徒刑或者无期徒刑减为有期徒刑的时候，应当把附加剥夺政治权利的期限改为三年以上十年以下。

第六十五条 被判处有期徒刑以上刑罚的犯罪分子，刑罚执行完毕或者赦免以后，在五年以内再犯应当判处有期徒刑以上刑罚之罪的，是累犯，应当从重处罚，但是过失犯罪除外。

前款规定的期限，对于被假释的犯罪分子，从假释期满之日起计算。

第七十七条 被宣告缓刑的犯罪分子，在缓刑考验期限内犯新罪或者发现判决宣告以前还有其他罪没有判决的，应当撤销缓刑，对新犯的罪或者新发现的罪作出判决，把前罪和后罪所判处的刑罚，依照本法第六十九条的规定，决定执行的刑罚。

被宣告缓刑的犯罪分子，在缓刑考验期限内，违反法律、行政法规或者国务院公安部门有关缓刑的监督管理规定，情节严重的，应当撤销缓刑，执行原判刑罚。

第一百一十五条 放火、决水、爆炸以及投放毒害性、放射性、传染病病原体等物质或者以其他危险方法致人重伤、死亡或者使公私财产遭受重大损失的，处十年以上有期徒刑、无期徒刑或者死刑。

过失犯前款罪的，处三年以上七年以下有期徒刑；情节较轻的，处三年以下有期徒刑或者拘役。

第一百九十八条 有下列情形之一，进行保险诈骗活动，数额较大的，处五年以下有期徒刑或者拘役，并处一万元以上十万元以下罚金；数额巨大或者有其他严重情节的，处五年以上十年以下有期徒刑，并处二万元以上二十万元以下罚金；数额特别巨大或者有其他特别严重情节的，处十年以上有期徒刑，并处二万元以上十万元以下罚金或者没收财产：

（一）投保人故意虚构保险标的，骗取保险金的；

（二）投保人、被保险人或者受益人对发生的保险事故编造虚假的原因或者夸大损失的程度，骗取保险金的；

（三）投保人、被保险人或者受益人编造未曾发生的保险事故，骗取保险金的；

（四）投保人、被保险人故意造成财产损失的保险事故，骗取保险金的；

（五）投保人、受益人故意造成被保险人死亡、伤残或者疾病，骗取保险金的。

有前款第四项、第五项所列行为，同时构成其他犯罪的，依照数罪并罚的规定处罚。

单位犯第一款罪的，对单位判处罚金，并对其直接负责的主管人员和其他直接责任人员，处五年以下有期徒刑或者拘役；数额巨大或者有其他严重情节的，处五年以上十年以下有期徒刑；数额特别巨大或者有其他特别严重情节的，处十年以上有期徒刑。

保险事故的鉴定人、证明人、财产评估人故意提供虚假的证明文件，为他人诈骗提供条件的，以保险诈骗的共犯论处。

第二百三十四条 故意伤害他人身体的，处三年以下有期徒刑、拘役或者管制。

犯前款罪，致人重伤的，处三年以上十年以下有期徒刑；致人死亡或者以特别残忍手段致人重伤造成严重残疾的，处十年以上有期徒刑、无期徒刑或者死刑。本法另有规定的，依照规定。

第二百四十五条 非法搜查他人身体、住宅，或者非法侵入他人住宅的，处三年以下有期徒刑或者拘役。

司法工作人员滥用职权，犯前款罪的，从重处罚。

第二百四十六条 以暴力或者其他方法公然侮辱他人或者捏造事实诽谤他人，情节严重的，处三年以下有期徒刑、拘役、管制或者剥夺政治权利。

前款罪，告诉的才处理，但是严重危害社会秩序和国家利益的除外。

第二百六十三条 以暴力、胁迫或者其他方法抢劫财物的，处三年以上十年以下有期徒刑，并处罚金；有下列情形之一的，处十年以上有期徒刑、无期徒刑或者死刑，并处罚金或者没收财产：

（一）入户抢劫的；

（二）在公共交通工具上抢劫的；

（三）抢劫银行或者其他金融机构的；

（四）多次抢劫或者抢劫数额巨大的；

（五）抢劫致人重伤、死亡的；

（六）冒充军警人员抢劫的；

（七）持枪抢劫的；

（八）抢劫军用物资或者抢险、救灾、救济物资的。

第二百六十六条 诈骗公私财物，数额较大的，处三年以下有期徒刑、拘役或者管制，并处或者单处罚金；数额巨大或者有其他严重情节的，处三年以上十年以下有期徒刑，并处罚金；数额特别巨大或者有其他特别严重情节的，处十年以上有期徒刑或者无期徒刑，并处罚金或者没收财产。本法另有规定的，依照规定。

第二百六十八条 聚众哄抢公私财物，数额较大或者有其他严重情节的，对首要分子和积极参加的，处三年以下有期徒刑、拘役或者管制，并处罚金；数额巨大或者有其他特别严重情节的，处三年以上十年以下有期徒刑，并处罚金。

第二百六十九条 犯盗窃、诈骗、抢夺罪，为窝藏赃物、抗拒抓捕或者毁灭罪证而当场使用暴力或者以暴力相威胁的，依照本法第二百六十三条的规定定罪处罚。

第二百七十条 将代为保管的他人财物非法占为己有，数额较大，拒不退还的，处二年以下有期徒刑、拘役或者罚金；数额巨大或者有其他严重情节的，处二年以上五年以下有期徒刑，并处罚金。

将他人的遗忘物或者埋藏物非法占为己有，数额较大，拒不交出的，依照前款的规定处罚。

本条罪，告诉的才处理。

第二百七十一条 公司、企业或者其他单位的人员，利用职务上的便利，将本单位财物非法占为己有，数额较大的，处五年以下有期徒刑或者拘役；数额巨大的，处五年以上有期徒刑，可以并处没收财产。

国有公司、企业或者其他国有单位中从事公务的人员和国有公司、企业或者其他国有单位委派到非国有公司、企业以及其他单位从事公务的人员有前款行为的，依照本法第三百八十二条、第三百八十三条的规定定罪处罚。

第二百七十五条 故意毁坏公私财物，数额较大或者有其他严重情节的，处三年以下有期徒刑、拘役或者罚金；数额巨大或者有其他特别严重情节的，处三年以上七年以下有期徒刑。

第二百七十七条 以暴力、威胁方法阻碍国家机关工作人员依法执行职务的，处三年以下有期徒刑、拘役、管制或者罚金。

以暴力、威胁方法阻碍全国人民代表大会和地方各级人民代表大会代表依法执行代表职务的，依照前款的规定处罚。

在自然灾害和突发事件中，以暴力、威胁方法阻碍红十字会工作人员依法履行职责的，依照第一款的规定处罚。

故意阻碍国家安全机关、公安机关依法执行国家安全工作任务，未使用暴力、威胁方法，造成严重后果的，依照第一款的规定处罚。

第二百七十九条 冒充国家机关工作人员招摇撞骗的，处三年以下有期徒刑、拘役、管制或者剥夺政治权利；情节严重的，处三年以上十年以下有期徒刑。

冒充人民警察招摇撞骗的，依照前款的规定从重处罚。

第二百八十八条 违反国家规定，擅自设置、使用无线电台（站），或者擅自占用频率，经责令停止使用后拒不停止使用，干扰无线电通讯正常进行，造成严重后果的，处三年以下有期徒刑、拘役或者管制，并处或者单处罚金。

单位犯前款罪的，对单位判处罚金，并对其直接负责的主管人员和其他直接责任人员，依照前款的规定处罚。

第三百一十条 明知是犯罪的人而为其提供隐藏处所、财物，帮助其逃匿或者作假证明包庇的，处三年以下有期徒刑、拘役或者管制；情节严重的，处三年以上十年以下有期徒刑。

犯前款罪，事前通谋的，以共同犯罪论处。

中华人民共和国刑法修正案（四）（节选）

（2002年12月28日第九届全国人民代表大会常务委员会第三十一会议通过）

六、将刑法第三百四十四条修改为：“违反国家规定，非法采伐、毁坏珍贵树木或者国家重点保护的其他植物的，或者非法收购、运输、加工、出售珍贵树木或者国家重点保护的其他植物及其制品的，处三年以下有期徒刑、拘役或者管制，并处罚金；情节严重的，处三年以上七年以下有期徒刑，并处罚金。”

七、将刑法第三百四十五条修改为：“盗伐森林或者其他林木，数量较大的，处三年以下有期徒刑、拘役或者管制，并处或者单处罚金；数量巨大的，处三年以上七年以下有期徒刑，并处罚金；数量特别巨大的，处七年以上有期徒刑，并处罚金。

“违反森林法的规定，滥伐森林或者其他林木，数量较大的，处三年以下有期徒刑、拘役或者管制，并处或者单处罚金；数量巨大的，处三年以上七年以下有期徒刑，并处罚金。

“非法收购、运输明知是盗伐、滥伐的林木，情节严重的，处三年以下有期徒刑、拘役或者管制，并处或者单处罚金；情节特别严重的，处三年以上七年以下有期徒刑，并处罚金。

“盗伐、滥伐国家级自然保护区内的森林或者其他林木的，从重处罚。”

中华人民共和国刑法修正案（八）（节选）

（2011年2月25日第十一届全国人民代表大会常务委员会第十九次会议通过）

六、将刑法第六十五条第一款修改为：“被判处有期徒刑以上刑罚的犯罪分子，刑罚执行完毕或者赦免以后，在五年以内再犯应当判处有期徒刑以上刑罚之罪的，是累犯，应当从重处罚，但是过失犯罪和不满十八周岁的人犯罪的除外。”

十一、将刑法第七十二条修改为：“对于被判处拘役、三年以下有期徒刑的犯罪分子，同时符合下列条件的，可以宣告缓刑，对其中不满十八周岁的人、怀孕的妇女和已满七十五周岁的人，应当宣告缓刑：

“（一）犯罪情节较轻；

“（二）有悔罪表现；

“（三）没有再犯罪的危险；

“（四）宣告缓刑对所居住社区没有重大不良影响。

“宣告缓刑，可以根据犯罪情况，同时禁止犯罪分子在缓刑考验期限内从事特定活动，进入特定区域、场所，接触特定的人。

“被宣告缓刑的犯罪分子，如果被判处附加刑，附加刑仍须执行。”

三十九、将刑法第二百六十四条修改为：“盗窃公私财物，数额较大的，或者多次盗窃、入户盗窃、携带凶器盗窃、扒窃的，处三年以下有期徒刑、拘役或者管制，并处或者单处罚金；数额巨大或者有其他严重情节的，处三年以上十年以下有期徒刑，并处罚金；数额特别巨大或者有其他特别严重情节的，处十年以上有期徒刑或者无期徒刑，并处罚金或者没收财产。”

四十、将刑法第二百七十四条修改为：“敲诈勒索公私财物，数额较大或者多次敲诈勒索的，处三年以下有期徒刑、拘役或者管制，并处或者单处罚金；数额巨大或者有其他严重情节的，处三年以上十年以下有期徒刑，并处罚金；数额特别巨大或者有其他特别严重情节的，处十年以上有期徒刑，并处罚金。”

四十五、将刑法第三百二十八条第一款修改为：“盗掘具有历史、艺术、科学价值的古文化遗址、古墓葬的，处三年以上十年以下有期徒刑，并处罚金；情节较轻的，处三年以下有期徒刑、拘役或者管制，并处罚金；有下列情形之一的，处十年以上有期徒刑或者无期徒刑，并处罚金或者没收财产：

“（一）盗掘确定为全国重点文物保护单位和省级文物保护单位的古文化遗址、古墓葬的；

“（二）盗掘古文化遗址、古墓葬集团的首要分子；

“（三）多次盗掘古文化遗址、古墓葬的；

“（四）盗掘古文化遗址、古墓葬，并盗窃珍贵文物或者造成珍贵文物严重破坏的。”

中华人民共和国刑法修正案（九）（节选）

（2015年8月29日第十三届全国人民代表大会常务委员会第十六次会议通过）

二十、将刑法第二百六十七条第一款修改为：“抢夺公私财物，数额较大的，或者多次抢夺的，处三年以下有期徒刑、拘役或者管制，并处或者单处罚金；数额巨大或者有其他严重情节的，处三年以上十年以下有期徒刑，并处罚金；数额特别巨大或者有其他特别严重情节的，处十年以上有期徒刑或者无期徒刑，并处罚金或者没收财产。”

三十九、将刑法第三百一十三条修改为：“对人民法院的判决、裁定有能力执行而拒不执行，情节严重的，处三年以下有期徒刑、拘役或者罚金；情节特别严重的，处三年以上七年以下有期徒刑，并处罚金。

“单位犯前款罪的，对单位判处罚金，并对其直接负责的主管人员和其他直接责任人员，依照前款的规定处罚。”

图书在版编目（CIP）数据

百姓生活常见案例大讲堂：物权纠纷卷 / 张永峰主编. —北京：中国法制出版社，2016.3

ISBN 978-7-5093-7323-1

Ⅰ. ①百… Ⅱ. ①张… Ⅲ. ①物权—民事纠纷—案例—中国

Ⅳ. ①D920.5

中国版本图书馆CIP数据核字（2016）第049969号

责任编辑：高惠娟（editorghj@163.com）　　封面设计：李　宁

百姓生活常见案例大讲堂：物权纠纷卷

BAIXING SHENGHUO CHANGJIAN ANLI DAJIANGTANG：WUQUAN JIUFENJUAN

主编 / 张永峰

经销 / 新华书店

印刷 / 三河市紫恒印装有限公司

开本 / 710毫米 × 1000毫米　16　　印张 / 15　字数 / 237千

版次 / 2016年7月第1版　　2016年7月第1次印刷

中国法制出版社出版

书号ISBN 978-7-5093-7323-1　　定价：39.80元

值班电话：010-66026508

北京西单横二条2号　邮政编码100031　　传真：010-66031119

网址：http://www.zgfzs.com　　**编辑部电话：010-66010406**

市场营销部电话：010-66033393　　**邮购部电话：010-66033288**

（如有印装质量问题，请与本社编务印务管理部联系调换。电话：010-66032926）